Christian Alt & Christian Schiffer

DIE WAHRHEIT IST (N)IRGENDWO DA DRAUSSEN

GOLDMANN

Christian Alt & Christian Schiffer

DIE WAHRHEIT IST (N)IRGENDWO DA DRAUSSEN

Was der neue Ufo-Hype über uns Menschen verrät

GOLDMANN

Penguin Random House Verlagsgruppe FSC® N001967

1. Auflage
Originalausgabe September 2023
Copyright © 2023: Wilhelm Goldmann Verlag, München,
in der Penguin Random House Verlagsgruppe GmbH,
Neumarkter Str. 28, 81673 München
Umschlag: UNO Werbeagentur, München
Umschlagmotiv: FinePic®, München
Redaktion: Doreen Fröhlich
Satz: Uhl + Massopust, Aalen
Druck und Bindung: GGP Media GmbH, Pößneck
Printed in Germany
SB · CF

ISBN 978-3-442-31701-1

Für alle da draußen

INHALT

Einleitung   11

Kapitel 1
Warum wir plötzlich wieder über Ufos sprechen   17
Look at that thing   19
All the Big Things   23
Kommen ein Spion und ein Parapsychologe in eine Bar   36
Der Whistleblower   40
Status quo   43
All the Small Things   48

Kapitel 2
Das Jahr der fliegenden Untertasse   52
Die erste Ufo-Welle   59
The Summer of the Flying Saucer   63

Kapitel 3
Roswell ist auch nur eine Kleinstadt   68
Erst als Farce, dann noch mal als Farce   74

Die Horst-Fuchs-Version von Roswell 77

I want to believe 82

Kapitel 4
Nichts ist, wie es scheint 88

»Frauen der Erde« 93

Vertraue niemandem 98

Fliegende Untertassen und rote Angst 102

Wo ist das Benzin? 106

Die doppelte Verschwörung: MJ-12 und die Manipulation
der Ufo-Szene 107

Bill Moores letzter Auftritt 109

Enttäuschte Hoffnungen 111

Benzin auf dem Mars 113

Kapitel 5
Die Macht einer guten Geschichte 115

Janet Airlines 117

Storm Area 51 120

Als Verschwörungstheorien noch cool waren 127

Der Wahn ist irgendwo da draußen 133

Wenn der Ufo-Glaube zum Problem wird 136

Warum Regierungen Ufos geheim halten könnten 139

Wenn aus Ufo Alu wird 143

Kapitel 6
Das wichtigste Kantinengespräch aller Zeiten 148

Drake (der Astronom und nicht der Rapper) 154

Wo sind denn alle? 161

Moment … Wollen wir überhaupt besucht werden? 165

Die Dunkler-Wald-Hypothese 166

SETI vs. METI 168

Ufo-Entführungen: This is where it gets crazy 171

Betty und Barney Hill 172

Erwähnenswerte Alien-Entführungen Teil 1:
Antônio Vilas-Boas 176

Erwähnenswerte Alien-Entführungen Teil 2: Linda Porter 177

Erwähnenswerte Alien-Entführungen Teil 3:
Charles Hickson & Calvin Parker 177

Erwähnenswerte Alien-Entführungen Teil 4: David Huggins 178

Erwähnenswerte Alien-Entführungen Teil 5:
Pier Fortunato Zanfretta 179

Erwähnenswerte Alien-Entführungen Teil 6:
Jonathan Lovette 180

Erwähnenswerte Alien-Entführungen Teil 7: Travis Walton 181

Alles nur Schwindel? 182

Die Leiden sind echt 184

Ein Bett aus Treibsand 187

Eingepflanzte Erinnerungen? 190

Ist die Popkultur schuld? 192

Steampunk-Entführungen 195

Sie sind mitten unter uns 197

Es gibt sie nicht: Die Ufo-Skeptiker schlagen zurück 198

Einfach eine gute Geschichte 207

Confirmation Bias 209

Ein bisschen Spaß muss sein 212

Erich von Däniken – der große alte Mann der
Prä-Astronautik 216

Der Mann, der auf alles eine Antwort hat 218

Denken Sie jetzt bitte nicht an Ihre Zunge! 221

Der Mensch hat Schiss   224

Was, wenn wir nur ein Jawa sind?   227

Das Leben, das Universum und der ganze Rest   231

**Unsere Quellen & mehr zum
Lesen/Schauen/Spielen   238**

EINLEITUNG

Dieses Buch beginnt mit einem Streit. Es ist Mai 2021, der zweite Sommer der Pandemie steht vor der Tür. Wir kriechen alle wieder aus unseren Homeoffice-Löchern, schälen uns aus den durchgesessenen Jogginghosen, um uns in der Luca-App beim Italiener an der Ecke einzuloggen. Wer damals beim ersten Aperol Spritz des Jahres durch Instagram scrollt oder auf Twitter abhängt, der stolpert zwangsweise über einen Clip des ehemaligen US-Präsidenten Barack Obama. Er ist zu Besuch in einer Late-Night-Show und wird gefragt: »Herr Präsident, was ist Ihre Theorie zu den Ufos, die gesichtet wurden?« Gemeint sind die »Unknown Flying Objects«, die auf kurz zuvor geleakten Videos des Pentagons zu sehen waren. Objekte, die zylindrisch sind und scheinbar keine Rotoren, Flügel und sichtbaren Abgaswolken besitzen. Die plötzlich die Richtung ändern oder sich um die eigene Achse drehen können. Die extrem beschleunigen und abbremsen.

Auf diese Frage antwortet Obama nur cool: »Wenn es um Aliens geht, gibt es eine Menge, das ich Ihnen nicht on air erzählen kann.« Ok, aber off air anscheinend schon? Der Clip geht viral.

Ebenfalls im Mai 2021 veröffentlicht die amerikanische Reportagereihe »60 Minutes«, eine der seriösesten Nachrichtenshows der USA, einen langen Film über die merkwürdigen Flugobjekte aus den Videos. Sie interviewen Piloten der Navy, die merkwürdige Flugobjekte auf ihren Trainingseinsätzen beobachtet und mithilfe ihrer Onboard-Kampfjet-Videokameras krisselig auf Film gebannt haben. Und eben jene Kampfjetpiloten sitzen im Mai 2021 in der größten Nachrichtensendung der USA und sagen Dinge wie: »Ich fühle eine große Verantwortung, erzählen zu müssen, was ich gesehen habe, jetzt, wo die Akten nicht mehr vertraulich sind.« Denn auch das ändert sich 2021 mit einem Mal: Plötzlich gibt das Pentagon offen zu, dass es nicht nur von den Sichtungen weiß, sondern auch, dass es ein Programm zur Erforschung von Ufos gibt. Der US-Senat bestellt sogar einen offiziellen Bericht, der im Sommer 2021 veröffentlicht wird. Einer der verblüffendsten Sätze des »60 Minutes«-Interviews stammt vom Piloten Ryan Graves. Er wird gefragt, wie oft er diese Flugobjekte gesehen habe. Graves: »Jeden Tag.«

Scheinbar sind sich alle einig, dass irgendetwas da draußen ist, das wir uns nicht erklären können. Etwas, das die Gesetze der Physik aushebelt und uns zum Fantasieren treibt – von fremden Sternen, Raumschiffen und der Hoffnung, nicht allein zu sein in diesem kalten Universum.

Alle sind sich einig, außer die beiden Autoren. Denn an jenem Mai-Tag – nach dem dritten Aperol Spritz und einem mittelmäßigen Vitello tonnato – schiebt sich das Thema mit voller Macht zwischen sie. In ihrem Gespräch ist plötzlich ein Graben so tief und breit wie der Grand Canyon. Der eine, Christian Alt, ist fasziniert von den neuen Ufo-Sichtungen.

Er glaubt den Piloten, die aus freien Stücken sagen, dass sie Flugobjekte gesehen haben, die sie sich bis heute nicht erklären können. Und ja, Christian A. fände es ganz geil, wenn sich die Flugobjekte als Ufos herausstellen würden. Der andere, Christian Schiffer, glaubt daran, dass es ganz irdische Erklärungen für die Sichtungen gibt. Zitiert geheime Forschungsprogramme der Luftwaffe, Parallelen aus der Geschichte, in der die Ufo-Community schon einmal für eine Desinformationskampagne eingespannt wurde. Es fallen Sätze des einen wie: »Aber samma … Was müsste denn passieren, dass du glaubst, dass es ein Ufo ist? Wie viele Beweise bräuchtest du?«, woraufhin der andere erwidert: »Ich glaub es erst, wenn ich es selbst sehen und anfassen kann.« Stundenlang geht das so.

Der Grund für den Streit liegt natürlich etwas tiefer. 2018 haben wir ein Buch über Verschwörungstheorien geschrieben. Es hieß »Angela Merkel ist Hitlers Tochter«, und auch da ging es am Rande um Ufos, denn sie gehören zum verschwörungstheoretischen Frühstücksbuffet dazu wie Butter zum Toast – auch wenn der Glaube an Ufos schon immer deutlich unproblematischer war als der, dass wir in Europa von Migranten aus Nordafrika ausgetauscht werden sollen. Und jetzt interessiert sich plötzlich einer der beiden Autoren eines Anti-Verschwörungsbuchs für Ufo-Berichte aus dem Pentagon und Zeugenaussagen von Navy-Piloten.

Es gibt nur eine Möglichkeit, den Streit beizulegen. Wir schreiben ein Buch über Ufos, Aliens, geheime Untersuchungen, und kippen einmal alles auf den Tisch, was sich dazu finden lässt. Dabei werden wir uns viel mit uns selbst beschäftigen müssen, denn die Flugobjekte verweisen immer auch auf uns Menschen zurück, spiegeln unsere Hoffnungen, Träume und Wünsche.

Dieses Buch ist also der Versuch, Licht ins Dunkel zu bringen, die simple Frage zu beantworten: »Was zur Hölle passiert da gerade?« Dazu haben wir jede Menge Akten gewälzt, Bücher gelesen, Ufo-Videos gescreengrabbt und Erich von Däniken besucht. Wir sind tief in den Kaninchenbau gekrochen und werden in den kommenden Kapiteln das Ufo-Phänomen systematisch aufrollen. Vom Status quo gehen wir zurück in die Vergangenheit und beginnen mit der ersten modernen Ufo-Sichtung im Jahr 1947.

Erzählen wir Journalisten-Kolleginnen und Kollegen von dem Vorhaben, kassieren wir schnell mal mitleidige Blicke, in der Regel gefolgt von einem: »Du ... Ich muss echt mal wieder, ne? Mein Hintergrundartikel über die dramatische Verfehlung der Klimaziele im Verkehrsministerium wartet. Aber hübsches Thema hast du da.« Es gibt bis heute ein großes Stigma, wenn man sich mit Ufos beschäftigt. Ufos, das ist etwas für Menschen, die sieben Katzen und drei Ratten als Haustiere haben. So zumindest das Klischee. Da kannst du noch so sehr versuchen, die *Washington Post* oder die *New York Times* anzuführen, die sich seit Jahren ausführlich mit dem neuen Ufo-Phänomen beschäftigen. Oder den US-Kongress hervorholen, der 2021 sogar eine ausführliche Anhörung zum Phänomen durchgeführt hat. Oder internationale Stellen zitieren, die sich jetzt – ganz offiziell, von Steuergeld bezahlt – mit Ufos auseinandersetzen wollen.

All das hilft nichts. Die Popkultur hat unser Verhältnis zu Ufos zerstört. Seit der Pilot Kenneth Arnold 1947 das erste Ufo gesehen hat, ist unsere Fantasie schneller als unser Verstand. Denn während ernsthafte Wissenschaftler versuchen herauszufinden, was diese unbekannten Flugobjekte eigentlich alles sein könnten, sind sich Fernsehserien, Comics und Radio sicher, dass es nur eine Erklärung dafür gibt: Aliens sind auf der Erde gelandet. Songs wie »The Purple People Eater« – in dem es darum geht, dass Außerirdische nur deshalb auf der Erde landen, um einer Rock'n'Roll-Band beizutreten – schießen in den USA kometenhaft auf Platz 1 der Charts.

Wissenschaftliche Studien des Phänomens, zum Beispiel angeordnet von der US-Luftwaffe, kommen gegen die durch die Popkultur tief verankerten Bilder in unseren Köpfen von grauen oder grünen Kreaturen mit riesigen Augen nicht an. Und dann kommt auch noch jede Menge unwissenschaftlicher Kram dazu. Erich von Däniken verkauft Millionen von Bücher und begeistert seit Jahrzehnten die Deutschen für Thesen wie »Menschen sind das Ergebnis eines galaktischen Zuchtprogramms« oder »Die Bundeslade in der Bibel ist eine Wechselsprechanlage zwischen Moses und dem Raumschiff Jehovas«.

Wir wollen mit diesem Buch versuchen, eine Brücke zu schlagen. Zwischen ernsthafter Beschäftigung mit dem Ufo-Phänomen und der Popkultur. Wir brauchen dringend eine neue Ufo-Kultur, eine neue, rationale Ufologie. Denn wir sehen, wie ernsthafte Versuche, das Ufo-Phänomen zu erklären, hinter unseren Klischees zurückbleiben. Es wäre doch zu schade, wenn das größte Geheimnis der Menschheit, nämlich die Frage, ob wir alleine im Universum sind, nur deswegen nicht ernsthaft beantwortet wird, weil man die Menschen, die sich diese Frage stellen, ein wenig merkwürdig findet. Denn irgendetwas ist da draußen, da sind wir beide uns sicher, Christian A. und Christian S. Wir können es nur noch nicht erklären.

KAPITEL 1

WARUM WIR PLÖTZLICH WIEDER ÜBER UFOS SPRECHEN

Das Obama-Video aus dem Jahr 2021 war nur der Auslöser für unseren Streit und damit dieses Buch. Die Ursache liegt jedoch etwas weiter zurück. Am 16. Dezember 2017 erscheint in der New York Times unter dem Titel »Glowing Auras and ›Black Money‹: The Pentagon's Mysterious U.F.O. Program« nämlich ein Artikel, der es in sich hat. Die Zeitung deckt auf, dass die USA von 2007 bis 2012 ein Programm namens AATIP finanziert haben – mit jährlich 22 Millionen Dollar. AATIP steht hier für »Advanced Aerospace Threat Identification Program«. Sein Ziel: mögliche Bedrohungen für die nationale Sicherheit der Vereinigten Staaten zu identifizieren und zu bewerten, die von »Unidentified Aerial Phenomena« (UAPs) ausgehen könnten. UAP ist das neue Wort der Regierung für Ufo. Dieser rhetorische Wechsel ist nur zu Teilen ein Taschenspielertrick: Die Regierung wählt bewusst einen neuen Begriff, um im Kopf der Leserinnen und Leser nicht dieselben Klischees von früher hervorzurufen: »Akte X«, »E. T.«, Freaks, die ihre Tage und Nächte auf obskuren Online-Foren verbringen. Außerdem gibt es einen wissenschaftlichen Grund für die Umbenennung: Denn mögliche Erklärungen für diese Phänomene könnten auch Lichtspiegelungen beinhalten, die ja nun mal nicht fliegen, aber trotzdem in der Luft sichtbar sind. Das Programm konzentrierte sich auf die Untersuchung von Ufo-Sichtungen, Zeugenaussagen und der Analyse von Materialien, die angeblich von Ufos geborgen wurden. Wir bleiben in diesem Buch trotzdem größtenteils beim Wort Ufo, weil es im deutschen Sprachgebrauch wesentlich etablierter ist. Außerdem wandelt sich der UAP-Begriff auch gerade wieder in den Vereinigten Staaten. Denn dort heißt es inzwischen ausgeschrieben »Unidentified Anomalous Phenomena«, was daher rührt, dass manche der Objekte auch unter Wasser tauchen und daher eben nicht mehr »aerial«, also in der Luft sind. Sei's drum: Wir benutzen in den meisten Fällen Ufo und UAP synonym.

Was den NYT-Bericht im Jahr 2017 so sensationell macht: Alle geben es zu. Das Pentagon sagt auf Nachfrage: »Japp, haben wir gemacht.« Harry Reid, ehemaliger US-Senator und demokratischer Fraktionsführer im Senat, spielt demnach eine entscheidende Rolle bei der Gründung von AATIP. Reid arbeitet mit anderen Senatoren wie Ted Stevens und Daniel Inouye zusammen, um die Finanzierung des AATIP zu sichern. Ihm geht es um eine wissenschaftliche Untersuchung des Phänomens. Ein paar Jahre später fasst Reid seine Motivation für die Gründung so zusammen: »Lassen Sie mich klarstellen: Ich hatte nie die Absicht zu beweisen, dass es Leben außerhalb der Erde gibt. Aber wenn die Wissenschaft beweist, dass es existiert, habe ich kein Problem damit.«

Nun gut, könnte man jetzt sagen: Die USA haben auch in der Vergangenheit schon Ufos untersucht, zum Beispiel beim sogenannten »Project Blue Book«. In diesem Programm aus den 50ern und 60ern wurden ebenfalls Zeugenaussagen von Ufo-Sichtungen unter die Lupe genommen. 95 Prozent der Fälle konnten aufgeklärt werden. Was ist denn jetzt bitte der Big Deal?

Look at that thing

Der Big Deal: Die *New York Times* veröffentlicht am 16. Dezember 2017 nicht nur den Text, sondern stellt auch mehrere Videos auf ihre Webseite. »GIMBAL« und »FLIR« werden sie betitelt. Die *Washington Post*, die zeitgleich die AATIP-Story publiziert, hat noch ein drittes Video auf ihrer Webseite: »GOFAST«. Diese drei Videos sorgen dafür, dass Ufo-Twitter an jenem Tag lichterloh in Flammen steht. Schon lange war hinter vorgehaltener Hand davon die Rede, aber jetzt sind sie zum ersten Mal zu sehen: Diese Videos präsentieren drei verschiedene Merkwürdigkeiten der UAPs. Da wäre zum einen das GIMBAL-Video, das zeigt, wie ein pillenförmiges Etwas sich während des Fluges einmal um die eigene Achse dreht. Das Verteidigungsministerium der Vereinigten Staaten (Department of Defense, DoD) gibt an, dass ihnen keine Technologie bekannt ist, die diese Drehung so durchführen kann. Im GIMBAL-Video können wir zwei Piloten eines Kampfjets hören, wie sie das Objekt entdecken und beschreiben. Hier das übersetzte Original-Transkript des Videos mit Erklärungen.

Pilot 1: Ja, da ist eine verdammte Drohne, Bro.

Pilot 2: Da ist eine ganze Flotte von denen. Guck mal auf dein S. A.

S. A. steht hier für »Situational Awareness« und meint alle Anzeigen wie Radar, Infrarot, Karten etc., die einem Piloten einen schnellen Überblick geben. Der erste Pilot schaut anscheinend nach unten und sagt dann:

Pilot 1: Mein Gott!

Pilot 2: Die fliegen alle gegen den Wind. Der Wind bläst mit 120 Knoten zum Westen. Guck dir das Ding mal an, Dude.

Eine lange Pause, in der beide Piloten schweigen und das Objekt anstarren. Dann irgendwann:

Pilot 2: Das ist nicht das L&S, oder?

L&S steht für »Launch & Steering«. Damit meint er das Radar des Jets und fragt, ob die Aufnahmen der Infrarotkamera und die auf dem Radar deckungsgleich sind.

Pilot 1: Das IST L&S, Dude!

Das Ufo wird also von mehreren Systemen gleichzeitig aufgenommen, was die Wahrscheinlichkeit eines fehlerhaften Sensors verringert. Dann bewegt es sich plötzlich und dreht sich einmal um die eigene Achse.

Pilot 1: Guck dir das an!

Pilot 2: Es rotiert!

In Ufo-Kreisen haben die Aussagen von Piloten oft mehr Gewicht als die von – sagen wir mal – zwei Münchner Autoren, die nach einer durchzockten Nacht auf der Playstation beim Rauchen ein Ufo sehen. Solche Zeugen, wie es sie im GIMBAL-Video gibt, werden als »trained observers« bezeichnet. Von ihnen wird erwartet, eine echte unbekannte Bedrohung von einem normalen Wetterphänomen oder einem Heißluftballon unterscheiden zu können. Ihre große Anzahl an Flugstunden macht Piloten auf den ersten Blick erst einmal glaubwürdiger als andere Zeugen. Natürlich sind auch »trained observers« am Ende des Tages nur Menschen, denen Fehler passieren können – aber dazu später.

Während das GIMBAL-Video eine blitzschnelle Rotation zeigt (und natürlich wegen der großen Dude-Bro-igkeit auch wirklich unterhaltsam ist), ist das FLIR-Video zunächst etwas bodenständiger. Es hat keine Tonspur, sondern nur die Aufnahme der Infrarotkamera eines Kampfjets. Was jedoch im Vergleich zu GIMBAL viel deutlicher ist: die Form des Ufos. Es sieht aus wie eine Pille. Oder ein TicTac. Was auch der Grund ist, warum diese speziellen Ufos heute noch TicTacs und die Videos TicTac-Videos heißen. Die Form ist deshalb entscheidend, weil wir kein Objekt kennen, das sich ohne sichtbare Tragflächen in dieser Geschwindigkeit fortbewegen kann. Auch sehen wir kein Triebwerk. Das TicTac scheint sich wie von selbst zu bewegen.

Das dritte Video aber ist das, was das meiste Kopfzerbrechen bereitet. Denn »GOFAST« zeigt eben genau das: ein Ufo, das einfach verdammt schnell ist. Statt einer Nahaufnahme sehen wir das Ufo hier aus großer Entfernung. Der Jet, aus dem die Aufnahme stammt, hat seine Kamera Richtung offener See gerichtet. Wir sehen kräuselnde Wellen und darüber … ein kleines Ding auf Speed. Der Pilot freut sich richtig, als er es vor seine Linse bekommt: »Woaaah! Got him!«, worauf die Crew in Gelächter ausbricht, »Woo-hoo! What the fuck is this?« (das übersetzen wir an dieser Stelle aus Höflichkeit mal nicht). Die Piloten erzählen ihrem Offizier über Funk, wie sie das unbekannte Objekt eingefangen haben: Die Auto-Track-Funktion ihres Radars hält es fest im Blick. Wir sehen in der Mitte des Bildschirms einen fixen Punkt, die Wellen unter ihm bewegen sich in großer Geschwindigkeit. Der zweite Pilot kommentiert das mit: »Guck dir an, wie das fliegt! Das ist schnell«, bevor er in ein hysterisches Lachen ausbricht. Wie schnell dieses Ding wirklich ist, sagt das Pentagon leider nicht. Diese Beschleunigungen sind aber atemberaubend und beschäftigen nicht nur Hobby-Ufologen. In einer Studie der »Scientific Coalition for UAP Studies« (SCU) aus dem Jahr 2019 heißt es: »Die geschätzten Beschleunigungen reichen von fast 100 g bis zu tausenden von g, ohne beobachtbare Luftstörungen, keine Überschallknalle und keine Anzeichen von übermäßiger Hitze, die mit selbst den minimal geschätzten Energien übereinstimmen.« Wer im Physikunterricht immer so schlecht war wie wir: g steht hier nicht für Gramm, sondern für die Maßeinheit der Erdschwerkraft. Bei einem normalen Flug wirken beim Start des Flugzeugs 1,5 g auf unsere Körper. Formel-1-Fahrer werden in den Kurven mit bis zu 6 g in den Sitz gedrückt. 100 g würde ein menschlicher Körper nur für wenige Millisekunden aushalten.

In dem vorhin angesprochenen »60 Minutes«-Interview erzählt einer der Piloten, dass er ein UAP so schnell hat beschleunigen sehen, dass er es nicht mehr einholen konnte. Fünf Sekunden später wäre es aber von einem Schiffsradar erneut erfasst worden. Die Navy traute ihren Augen kaum. Denn die zurückgelegte Distanz betrug in fünf Sekunden ganze 60 Meilen. Also knapp 100 Kilometer.

Diese drei Videos geben verdammt viele Rätsel auf. Obwohl das eigentlich eine Untertreibung ist: Denn die UAPs zeigen Flugeigenschaften, die so absonderlich sind, dass sie die physikalischen Gesetze, wie wir sie gerade verstehen, komplett infrage stellen.

Nur ... Wie sind die *New York Times* und die *Washington Post* überhaupt an diese Videos gekommen? Die Antwort ist einigermaßen absurd. Zumindest für Kids der 90er. In einem Buch voller unglaublicher Storys ist die Geschichte, wie Tom DeLonge, Gitarrist der Band Blink-182, den wichtigsten Ufo-Durchbruch aller Zeiten herbeigeführt hat, eine der unglaublichsten. Es ist eine Geschichte, für die wir uns etwas Zeit nehmen wollen, denn sie erklärt sehr genau, wie der aktuelle Ufo-Diskurs in den USA geführt wird. Außerdem ist sie äußerst unterhaltsam und hat alles, was ein gutes Hollywood-Drehbuch braucht: einen Rockstar, eine Truppe aus Spionen und hochrangigen Militärs, russische Hacks, Hillary Clinton und ein halbes Happy End. Hier ist die Geschichte der »To The Stars Academy«.

All the Big Things

Wollte man sich in den 90er-Jahren über Ufos informieren, musste man in die Buchhandlung der nächstgrößeren Stadt fahren und dort am Grabbeltisch nach Titeln wie »Das Alien-Imperium: Ufo-Geheimnisse der USA« oder »Vom Ufo entführt« suchen. Oder man hat sich auf Sat.1 Sendungen wie »Auf den Spuren der All-Mächtigen« von Erich von Däniken angesehen. Nach all diesen Dingen war man zwar nicht wirklich informiert, hatte aber den Eindruck, dass die Welt ein kleines bisschen größer ist als das verschlafene Nest, aus dem man stammt.

Heute ist das anders. Die drei Videos, die im Jahr 2017 veröffentlicht werden, werden nicht in Büchern oder im Fernsehen diskutiert, sondern online. Besonders Joe Rogan, der umstrittenste und erfolgreichste Podcaster der Welt, hat sich dem Thema TicTac-Ufos immer und immer wieder angenommen. In seiner Show treten die Menschen hinter den Enthüllungen auf. Und wenn man nach dem Podcast immer noch nicht genug von Ufos hat, kann man seinen Gästen wiederum bei Twitter folgen, wo sie täglich neueste Ufo-Enthüllungen dokumentieren und kommentieren. Diese Entwicklung war so ganz und gar nicht abzusehen. Denn nach seinem Höhenflug in den 90ern war das Ufo-Thema in den 00er- und 10er-Jahren plötzlich so gut wie tot. Ufos waren genauso sexy wie in Schlaghosen mit dem Tamagotchi spielen, während auf dem Discman die Spice Girls laufen. Kurz: krass 90s.

Schuld am erneuten Aufglühen des Themas ist zu großen Teilen Tom DeLonge, der Gitarrist der Band Blink-182. Alles beginnt in den 90er-Jahren in einer Schulbibliothek in San Diego, Kalifornien.

Tom ist ein schwieriges, aber gleichzeitig auch einfaches Kind. Er ist begabt, interessiert sich aber nicht für die Schule. Wenn er so durchkommen kann, dass am Ende eine Drei auf dem Zeugnis steht, ist er zufrieden. »Alles, wofür ich mich interessiert habe, war Skateboarding und Musik.«

An jenem Tag, als Tom DeLonge in einer Freistunde durch die Bibliothek seiner Junior High School läuft, sollte noch eine dritte Sache dazukommen. Ufos. Der Pre-Teen ist sehr gelangweilt, als er die Bücher durchstöbert. »Fuck, ich will keine normalen Bücher lesen. Ist hier irgendwas, was nicht langweilig ist?«

Und da fällt es ihm in die Hände: ein Buch, auf dem ganz groß das Loch-Ness-Monster und Ufos auf dem Cover zu sehen sind. Der kleine Junge wird auf einen Schlag zum Ufo-Fanatiker. Es ist der Beginn einer lebenslangen Obsession mit dem Paranormalen, die kurz durch eine weltweite Musikkarriere unterbrochen wird.

Während der Tour zu ihrem ersten Album »Cheshire Cat« verbringen DeLonge und seine Bandkollegen viel Zeit im Tourbus. Iphones und WLAN gibt es damals noch nicht. Man kann entweder das Leben eines Rockstars führen, mit viel Sex, Drugs & Rock'n'Roll. Oder man kann es machen wie Tom DeLonge: Der verkriecht sich nach jedem Auftritt im Tourbus und liest jedes Ufo-Buch, das er in die Finger kriegt. »Ich dachte so: ›Oh mein Gott, ich fall hier in einen Kaninchenbau‹«, fasst er später diese Zeit zusammen. Vom Geld für seinen ersten Plattendeal kauft sich Tom einen Computer: »Ich hab angefangen, all diesen Ufo-Shit runterzuladen und auszudrucken. Ich hatte ihn in riesigen Ordnern. Ein ganzes Regal voller Ordner mit Ufo-Forschung in der Wohnung. Ich war bekloppt.«

Auf Tour sorgt DeLonge dafür, dass der Tourbus immer wieder Umwege fährt, um nach Ufos, Bigfoot oder anderen übernatürlichen Phänomenen zu suchen. Schon in den 90ern veröffentlicht Blink-182 einen Song namens »Aliens exist«. Der Text kommt von Tom DeLonge: »What if people knew that these were real/I'd leave my closet door open all night/I know the CIA would say/What you hear is all hearsay«. Blink-182 ist Ende der 90er- und Anfang der 00er-Jahre überall. Songs wie »All the Small Things« oder »What's My Age Again?« prägen eine ganze Generation und sind aus nostalgischen Spotify-Playlisten nicht mehr wegzudenken.

Dann ist da aber noch die andere Seite von Tom DeLonge. Er ist auch einfach ein guter Geschäftsmann. Er baut Holding-Companys auf, vertreibt Klamotten, Schuhe und baut Webseiten für andere Künstlerinnen und Künstler. Als er Anfang der 00er-Jahre die Band für kurze Zeit verlässt, gründet er ein Kunstprojekt namens »Angels & Airwaves«, eine Mischung aus Klamottenmarke, Band und Entertainmentlabel, um die »größeren Themen der Menschheit in verschiedenen Medien anzupacken«. Was auch immer das heißt. Die Business-Seite von Tom DeLonge wird später noch eine sehr wichtige Rolle spielen. In den 00er-Jahren macht Tom weiter Musik, aber die Faszination für das Übernatürliche bleibt. Er liest weiterhin alles, was er in die Finger kriegt. Die Popularität von Blink-182 sinkt, »Angels & Airwaves« sind zwar innerhalb der Fanzirkel bekannt, aber weit davon entfernt, dieselbe kulturelle Bedeutung wie Blink-182 zu erreichen. Da hilft es auch nicht, dass Tom Ende der 00er-Jahre wieder bei Blink einsteigt. Kurz: Die Zeit für Skate-Punk ist vorbei, die Zeit der Ufos beginnt.

Seine mittlerweile 20 Jahre andauernde Ufo-Obsession wird durch ein Ereignis im Jahr 2014 noch weiter befeuert. Denn wie Tom selbst sagt, ist er damals mit einer Gruppe von Ufo-Fans im Death Valley unterwegs. Das Death Valley ist einer der amerikanischen Nationalparks mit der geringsten Lichtverschmutzung. Wer hier übernachtet, kann tatsächlich die Milchstraße sehen. Tom und seine Gruppe sind aber nicht hier, um Sterne zu gucken, sondern um Ufos zu finden. In Interviews spricht Tom immer nur von einem »bekannten Ufologen«, der versucht, mithilfe von Meditationstechniken Kontakt zu Ufos herzustellen. Jeder, der sich auch nur ein bisschen mit Ufos auskennt, weiß, dass das Dr. Steven M. Greer sein muss – eine umstrittene Person innerhalb der Szene. Greer ist davon überzeugt, dass alle Lebewesen im Universum Teil eines großen, denkenden Organismus sind. Mithilfe von genau ausgetüftelten Meditationstechniken kann es gelingen, Kontakt zu Ufos herzustellen und diese auf die Erde zu locken. Glaubt Greer zumindest.

Warum ist Greer umstritten? Da wäre zum einen das Geschäftsmodell: Ein Kurs bei ihm kostet bis zu 3500 Dollar. War man schon mal dabei, sinken die Kosten zwar auf 1750 Dollar, aber idealerweise will man ja öfter auf Expedition gehen. Und wer zu Hause trainieren will, kann sich im Online-Shop Bücher, DVDs und die offizielle App kaufen. Für jemanden, der das Bewusstsein der Welt erweitern will, ist das schon ein happiger Preis. Und dann sind da immer wieder Unterstellungen, dass Greer Ufo-Sichtungen mit Leuchtkugeln fälscht. Das könnten die Gründe sein, warum Tom DeLonge heute seinen Namen nicht mehr nennt.

Jedenfalls: Im Jahr 2014 ist Tom DeLonge auf Camping-Tour mit »einem bekannten Ufologen«. Und tief in der Nacht hat DeLonge eine Erfahrung. Er wacht auf und spürt, dass er sich nicht bewegen kann. Dem *Paper Magazine* beschreibt er dieses Erlebnis so: »Mein ganzer Körper fühlte sich an, als hätte er statische Elektrizität, und ich öffne meine Augen, und das Lagerfeuer brennt immer noch, und es gibt ein Gespräch außerhalb des Zelts. Es hörte sich an, als wären etwa 20 Leute dort und reden. Sofort denke ich mir, ›Okay, sie sind auf unserem Campingplatz, sie wollen uns nichts Böses, sie reden über irgendetwas, aber ich kann nicht verstehen, was sie sagen. Aber sie arbeiten an etwas.‹ Dann schließe ich meine Augen und wache auf, das Feuer ist aus, und ich habe drei Stunden Zeit verloren.«

Es ist diese Erfahrung, die ihn dazu bringt, seine Karriere als Musiker endgültig an den Nagel zu hängen.

Für diejenigen, die sich länger nicht mit Tom DeLonge beschäftigt haben, war die Meldung aus dem Jahr 2015 vermutlich ein Schock: »Tom DeLonge beendet seine Musikkarriere, um nach Ufos zu suchen.« Die Begründung, die er liefert, könne damals kein Mensch nachvollziehen, sagt er 2016 in einem Interview mit *Mic*. Er sei interessiert an dem Thema, weil es um Religion, Wissenschaft, Technologie und Geheimhaltung gehe. Im gleichen Interview gibt er außerdem Auskunft über seine genauen Pläne. Und die haben mit der letzten Strophe aus »Aliens exist« zu tun: »Up all night long / And there's something very wrong / And I know it must be late / Been gone since yesterday / I'm not like you guys / Twelve majestic lies«. Diese Zeilen, so Tom, beziehen »sich auf eine Urban Legend aus der Ufo-Folklore namens Majestic 12. Dabei handelt es sich um Dokumente, die in den 80er-Jahren geleakt wurden und eine gesamte Organisation aus Wissenschaftlern, Militärangehörigen und Geheimdienstmitarbeitern beschreiben, die Informationen über dieses Phänomen verwalten. Ich habe den Namen in diesem Lied verwendet, und die Ironie dabei ist, dass ich jetzt mit Menschen von der modernen Version dieser Gruppe zu tun habe. Das ist eine große Sache.«

Menschen, die sich nicht mit Ufologie befassen, kann die Dimension dieser Strophe und der in ihr verborgenen Aussage leicht durchrutschen. Aber eigentlich ist sie ein absoluter Knüller. Denn Tom DeLonge verkündet, er hätte es mit der Nachfolgeorganisation von Majestic 12 (MJ-12) zu tun. Wir werden in einem späteren Kapitel noch einmal genau auf diese Verschwörungstheorie eingehen, aber hier die Kurzform, was MJ-12 ist: MJ-12 ist angeblich ein geheimes Gremium, das 1947 in den USA gegründet wurde, um den Absturz eines unbekannten Flugobjekts in der Kleinstadt Roswell im US-Bundesstaat New Mexico und andere angebliche Begegnungen mit Außerirdischen zu untersuchen. Benannt ist es nach den 12 Mitgliedern, bestehend aus Regierungsmitgliedern, Wissenschaftlern und Militärpersonal, die das Gremium haben soll. Im Jahr 1952 wurde der Ufo-Gemeinschaft eine Reihe von Dokumenten zugespielt, die die Existenz von MJ-12 zu beweisen schienen. Das FBI entlarvte das Dokument schließlich als Fälschung.

MJ-12 ist bis heute in der Ufo-Forschung höchst umstritten. Die einen glauben an die Existenz der Gruppe, die anderen lehnen sie rundheraus ab. Wenn Tom DeLonge im Jahr 2016 also sagt, er arbeite mit der modernen Version von MJ-12 zusammen, dann sendet das ein deutliches Signal in Richtung Ufo-Forschung, dass man Toms Rolle nicht unterschätzen sollte.

Auf den großen Nachrichtenseiten klang es ein wenig so, als hätte Tom DeLonge nun endgültig den Verstand verloren. Eine Meldung einsortiert in die Kategorie »Rockstar dreht ab«, gleich neben Britney Spears, Charlie Sheen und Kanye West. Während der Mainstream oberflächliche Interviews mit ihm macht, ist Tom aber auch in der Ufologen-Szene unterwegs. Er erzählt von Meetings mit Generälen, Nachrichten-diensten und hochrangigen Politikern, die er angeblich hat. Davon, dass sein Handy abgehört wird und dass er geheime Briefings von Geheimdienstfunktionären erhält. Während all dem versucht er parallel, seine Firma »To The Stars Aca-demy« (TTSA) zu launchen, die die Bevölkerung mithilfe von Filmen, Büchern, Serien und Musik in allen Fragen rund um Ufos aufklären soll. Inspiration für DeLonge ist dafür der Film »Thirteen Days« aus dem Jahr 2000 – hier erzählen Kevin Costner und Bruce Greenwood die Kuba-Krise von 1962 nach. DeLonge ist der Meinung, er hätte durch diesen Film mehr gelernt als in der Schule. Ok, damals war er auch immer nur ein Dreier-Schüler und fand alle Bücher außer jene mit Ufos drauf krass langweilig. Tom versucht also sein kleines Venture an den Start zu bringen, während er gleich-zeitig einige – pardon – ziemlich verrückt klingende Inter-views gibt. Die Pointe der Geschichte ist vollkommen absurd; ein Hollywood-Drehbuch dieser Story wäre mit der handge-schriebenen Notiz »zu unrealistisch, bitte neu und anders« an die Autoren zurückgepfeffert worden. Glaubt man Tom DeLonge, dann merkt er recht früh in der Geschichte sei-ner Firma »To The Stars Academy«, dass ihm etwas fehlt: wirk-liche Connections zu Menschen, die etwas vom Phänomen verstehen. »Das Phänomen« ist übrigens eine in Ufo-Kreisen sehr häufig genutzte Umschreibung für Ufos. Der neue Be-griff UAP, was ja für »Unidentified Aerial Phenomena« steht, leitet sich hieraus ab – wir wissen, dass da was ist, aber es könnte auch kein Objekt, sondern eine wie auch immer de-finierte Erscheinung sein. DeLonge sucht nun also wirk-liche Insider, wenn es um das Phänomen geht – und findet auch welche. Sein erstes Top-Secret-Meeting läuft so ab, sagt

Tom: Man trifft sich in den Räumen einer Luft- und Raumfahrtfirma. Er verrät zwar nie den Namen der Firma, aber es gibt genug Hinweise, dass nach diversen Ausschlusskriterien nur noch der Flugzeughersteller »Lockheed Martin« übrig bleibt. Dessen Division »Skunk Works« wird von Ufologen schon länger verdächtigt, mehr über das Phänomen zu wissen, als sie zugeben. Denn »Skunk Works« ist verantwortlich für die geheimsten Luftfahrtprojekte der USA – sie haben den U-2-Bomber, den F-22-Raptor und das Überschallflugzeug SR-71 gebaut. Letzteres wurde immer wieder für ein Ufo gehalten, ist aber einfach nur das schnellste Flugzeug der Welt. Nachdem Tom DeLonge vier verschiedene Sicherheitschecks bestanden hat, wird er in einen kleinen fensterlosen Raum gebracht, der von schwer bewaffneten Sicherheitsmännern bewacht ist. Dort trifft er auf einen Manager der Firma. Seine Strategie: »Ja nicht gleich nach Ufos fragen« – aber seine Obsession hat sich auch hier bereits rumgesprochen. Ihm wird gesagt: »Wir können nicht mit Verschwörungstheorien in Verbindung gebracht werden. Erst recht, weil es noch nie einen handfesten Beweis gegeben hat, dass das Phänomen wirklich existiert.«

In der Version, die Tom DeLonge erzählt, lässt Tom DeLonge natürlich nicht locker. Er entgegnet: »Ich möchte, dass Sie etwas verstehen. Mir ist bewusst, welche Auswirkungen meine Aussagen für die nationale Sicherheit haben können. Ich bin nicht naiv, wenn es um das Thema geht. Wenn Sie mir zuhören, werden Sie erkennen, dass mein Vorschlag durchaus berechtigt ist.«

Tom DeLonge ist zu diesem Zeitpunkt schon überzeugt, dass die US-Regierung und die Rüstungsindustrie seit mehr als 50 Jahren von der Existenz von Aliens wissen und der

Öffentlichkeit bewusst nichts von »The Others« – also den Anderen – erzählen. Denn die »Anderen« waren schon immer hier, führten gegeneinander Krieg und kämpften gegen die Menschheit. In einem Interview in der Radioshow mit Jimmy Church, eine *der* Shows für unglaubliche paranormale Storys, erzählt DeLonge, dass es das Ziel der Aliens sei, uns gegeneinander auszuspielen. Denn sie hätten Angst, dass wir als Menschheit eine neue Stufe des Bewusstseins erreichen, ein Schwarmbewusstsein entwickeln. Er meint das im klassischen Hippie-Sinne: Alle Menschen sind Teil eines großen Ganzen. Open your mind etc. DeLonge glaubt, Erfindungen wie das iPhone seien bewusst vorangetrieben worden, um uns weiter voneinander zu trennen. Es gibt nach DeLonge also einen Krieg, der hinter verschlossenen Türen stattfindet. Wir Menschen werden bewusst kleingehalten, vereinsamen immer mehr und vergessen unsere geteilte Menschlichkeit.

Und die Männer des Militärisch-industriellen Komplexes, also jene mächtigen politischen Entscheider, die hier gerade vor ihm sitzen, haben nur das Beste für uns im Sinn. Denn sie kämpfen eben hinter jenen verschlossenen Türen für uns. Sie sind in Tom DeLonges Augen die Guten. Seit 30 Jahren seien sie bemüht, die Idee zu verbreiten, dass Ufos möglicherweise real sind. Eben damit wir Menschen aufwachen, mal von unserem Handy hochschauen und merken, wie endlos das Universum und unser gemeinsamer Geist sind. Das Problem ist jedoch, dass ihre analogen Methoden der Offenlegung im Internetzeitalter nicht mehr funktionieren. Die Gesellschaft sei zynisch geworden, wenn es um die Regierung geht. So würde man auf keinen Fall die besten Köpfe bekommen, um gemeinsam das Phänomen zu erforschen. »Helfen Sie mir, Ihnen zu helfen«, sagt Tom.

Zusammengefasst lautet sein Plan also so: Es gibt einen geheimen Krieg zwischen uns und Aliens. Damit wir gewinnen können, brauchen die Good Guys – also die Rüstungsindustrie – die besten Leute, die sie nur kriegen können. Die bekommen sie aber nur, wenn die Menschen wirklich darauf vertrauen, dass das Ufo-Phänomen echt ist. Und deswegen sollte man die geheimen Akten, die Videos, alles, was man zur Aufklärung braucht, an einen unbeteiligten Dritten wie Tom DeLonge geben, damit er der Welt davon berichten und zwischen den Positionen vermitteln kann.

Es ist schon einigermaßen absurd. Da versuchen Ufologen über Jahrzehnte, die Wahrheit hinter fliegenden Untertassen herauszubekommen, und dann taucht ein alternder Rockstar auf und verkauft es dem Militärisch-industriellen Komplex als Marketingtrick? Als Employer Branding für Firmen wie Lockheed Martin, damit die auch in Zukunft noch die besten Waffensysteme der Welt herstellen? Weil WIE SCHADE wäre es auch, wenn die klügsten Köpfe für Elon Musk arbeiten und an E-Autos oder Raketen, die uns zum Mars fliegen, forschen und nicht an den tödlichsten Maschinen, die die Menschheit je erfunden hat.

Glaubt man Tom DeLonge, zündet diese Idee. Der Manager gibt noch in diesem Meeting zu: »Ja, Ufos sind echt.« Die Bevölkerung soll langsam an die Existenz von Ufos gewöhnt werden, die Wahrheit wird nach und nach ans Licht kommen. Und er stellt Kontakt her zu einem hochrangigen General und in Geheimdienstkreise. Tom DeLonge erzählt in Interviews vollmundig von diesen Kreisen, in denen er sich nun bewegt. Ohne jemals Namen zu nennen.

Die Geschichten klingen zu fantastisch, zu ausgedacht,

zu paranoid, um von irgendjemandem für voll genommen zu werden. In einer davon behauptet er sogar, dass ein hochrangiger General ihm anvertraute, dass Außerirdische im Kalten Krieg versuchten, Atomwaffen scharf zu stellen und gen Russland zu schicken. Nur ein beherztes Nicht-Eingreifen von sowjetischer Seite hätte einen Dritten Weltkrieg verhindert. Alles ziemlich verstrahlter Kram.

Ja und dann … kommt der 7. Oktober 2016. An diesem Tag veröffentlicht Wikileaks eine Menge E-Mails der Clinton-Kampagne während des Rennens um die US-Präsidentschaft. Wahlkampfmanager von Hillary Clinton ist damals John Podesta – ehemals Stabschef unter Bill Clinton, Berater von Barack Obama und jetzt eben auch bei Hillary involviert. Es gibt wenige Menschen, die größere Washington-Insider sind als John Podesta, er kennt jeden und jede. Und … Er ist seit Jahren interessiert an Ufos. Also schreibt ihm Tom DeLonge und bekommt sogar wirklich eine Antwort. Podesta scheint angetan von dem Rockstar und setzt Meetings auf. Tom lernt einige der wichtigsten Männer des Militärisch-industriellen Komplexes kennen: Da wäre zum einen Robert F. Weiss von – wer hätte es gedacht – Lockheed Martin. Er leitet das »Skunk Works«-Programm und macht DeLonge mit einer Person namens »Der General« bekannt. Hiermit könnten zwei Männer gemeint sein, die beide in den Clinton-Mails auftauchen: Major General Michael J. Carey und Major General Neil McCasland. Fangen wir mal mit Carey an. Hinter dessen schier endlos langem Titel (»Special Assistant to the Commander, Air Force Space Command«) verbirgt sich ein Aufgabengebiet, das perfekt zu UAPs passt. Denn er sorgt dafür, dass die Männer und Frauen auf der Peterson Air Force Base in Colorado ihren Job machen können. Und was ist dieser Job? NORAD, das militärische Luftüberwachungsprogramm der USA und Kanadas. Wenn auf der amerikanischen Nordhalbkugel ein Ufo auf einem Radar entdeckt wird, dann laufen diese Fäden bei Michael J. Carey zusammen.

Und dann ist da noch Neil McCasland. Er ist zur Zeit des E-Mail-Leaks für das Air Force Research Laboratory verantwortlich. Dieses Labor gibt mehrere Milliarden Dollar im Jahr aus, um an fortgeschrittenen Waffensystemen und neuen Materialien zu forschen. DeLonge schreibt über McCasland: »Er und ich haben neulich telefoniert, und er ist begeistert. Er denkt wirklich, dass das Verteidigungsministerium mein Projekt unterstützen wird, weil ich zeigen möchte, welche positiven Dinge großartige Menschen zu diesem Thema geleistet haben.«

In typischer DeLonge-Manier liest man aber auch hier heraus, dass er vielleicht ein bisschen zu sehr an seine Ufo-Bücher aus den 90ern glaubt. An Podesta schreibt er, dass der doch noch viel mehr wisse – er müsse nur mal den Mund aufmachen: »Er sagte, er sei ›skeptisch‹, aber das stimmt nicht. (…) Als Roswell abstürzte, wurde es zum Labor an der Wright-Patterson Air Force Base geschickt. General McCasland war bis vor ein paar Jahren für genau dieses Labor zuständig. Er weiß nicht nur, was ich erreichen will, sondern hat auch mein Beratungsteam mit zusammengestellt. Er ist ein sehr wichtiger Mann.«

Und dieses Beratungsteam, das wird im nächsten Schritt sehr wichtig. Aber fassen wir mal bis hierhin zusammen: Wir haben einen alternden Rockstar, der eines Tages bei Lockheed Martin anklopft und sagt: »Hey, Leute, niemand will mehr für euch arbeiten. Ihr seid uncool! Wisst ihr, was cool ist? Ufos!« Und statt ihn vor die Tür zu setzen, sagt Lockheed Martin: »Gute Idee, Tom«, und plötzlich öffnen sich für den Ex-Rockstar alle Türen. Außerdem bekommt er endlich das, was er die ganze Zeit gesucht hat: einen Beraterstab, der seiner Firma »To The Stars Academy« endlich hilft, aus Science-Fiction Science-Fact zu machen. Tom und seine Berater haben ganz große Pläne – und die werden auf einer der merkwürdigsten Pressekonferenzen in der Geschichte der Ufologie bekannt gegeben.

Kommen ein Spion und ein Parapsychologe in eine Bar

Wir versuchen es mal mit einem Vergleich. Stellen Sie sich vor, die Verschwörungstheorie, dass die Stadt Bielefeld nicht existiert, würde sich als völlig wahr herausstellen. Auf einer Pressekonferenz, bei der die wichtigsten Menschen, die zur Vertuschung der Bielefeld-Verschwörung beigetragen haben, auf der Bühne sitzen, wird die Wahrheit endlich enthüllt. Bielefeld gibt es nicht. Wer müsste anwesend sein, damit Sie wirklich glauben, dass die Sache kein Spaß ist? Der Ministerpräsident von NRW vielleicht? Oder der Bundeswehrgeneral, der in den 50ern den Beschluss gefasst hat, Bielefeld zu erfinden? Der Bürgermeister von Bielefeld ... Der müsste dabei sein, oder? Würden Sie der Enthüllung glauben, wenn diese Männer sie aussprechen würden?

Etwas Ähnliches versucht Tom DeLonge am 11. Oktober 2017, als er der Welt verkündet, dass er und sein Team bei »To The Stars Academy« jetzt unwiderlegbare Beweise vorlegen wollen, dass Ufos echt sind. Auf der großen Bühne wird in riesigen Lettern ein Zitat von Mark Twain an die Leinwand projiziert: »Die beiden wichtigsten Tage in deinem Leben sind der Tag, an dem du geboren wirst, und der Tag, an dem du herausfindest, warum du auf der Welt bist.«

Das stellt klar: Heute geht es um die Wurst, Leute.

Die Veranstaltung ist merkwürdig. Ok, nein – wir müssen hier korrigieren –, sie ist batshit crazy. Denn zum einen geht es darum, das größte Geheimnis der Menschheit zu lüften. Und zum anderen, daraus Filme und T-Shirts zu machen.

Tom DeLonge erzählt auf der Bühne ernsthaft, dass seine neue Firma es schaffen wird, ein Ufo nachzubauen. Diese neue Firma soll aus drei Unternehmensteilen bestehen: 1. Science: Hier soll das Ufo-Phänomen weiter studiert und der Öffentlichkeit nahegebracht werden. 2. Aeronautics: Hier wird das DeLonge-Ufo gebaut. 3. Entertainment: Hier wird das Ufo auf T-Shirts gedruckt. Das Ufo soll außerdem auch abheben, um in den Kinos zu landen.

Ok, allein dieser Mix ist sehr strange. Aber noch merkwürdiger ist das Team, das das Unmögliche möglich machen soll. Da wäre zum einen Jim Semivan. Jim war über 25 Jahre Spion im Auftrag der CIA. Ernsthaft. Seit seiner Rente berät Jim verschiedene Unternehmen, wie sie den komplexen Geheimdienstapparat navigieren sollen, dieselbe Aufgabe wird er auch hier übernehmen. Als Nächstes stellt Tom Dr. Harold Puthoff vor. Der ist Elektroingenieur und Parapsychologe und wird wie folgt angepriesen: »Puthoff ist der Schöpfer des psychischen Spionageprogramms der CIA, das bis heute verwendet wird. Und seine bahnbrechende Wissenschaft im Manipulieren der Raum-Zeit ist entscheidend, um die beobachtete Technologie potenziell zu verstehen.«

Was zur Hölle soll das denn bedeuten? Puthoff ist Menschen außerhalb der Parapsychologie eigentlich nur für zwei Dinge bekannt: 1973 hat er im Auftrag der CIA versucht herauszufinden, ob der Schweizer Löffelmagier Uri Geller wirklich magische Kräfte hat. Er und sein Kollege kommen zum Schluss, dass alles »stark darauf hindeutet, dass Uri Geller ungewöhnliche Fähigkeiten besitzt«. Eine Erkenntnis, die sich später als vollkommen falsch herausstellt. Die zweite Sache: Puthoff weiß, wie man ein Patent schreibt, das komplett sinnfrei, aber trotzdem valide ist. So lehrt es zumindest eine Studie der University of Wisconsin Law School, die sich ein Patent aus dem Jahr 1998 angeschaut hat, in dem Puthoff eine Technologie beschreibt, die nach geltenden physikalischen Gesetzen zwar nicht möglich, aber trotzdem patentierbar ist. Puthoff tanzt in der Runde ein wenig aus der Reihe, denn alle anderen aus dem Beraterstab von Tom DeLonge haben einen besseren Ruf. So einen guten Ruf sogar, dass man sich unweigerlich fragt: Wieso zur Hölle sitzt ihr dort auf dieser Bühne?

Die nächste Person, die DeLonge vorstellt, ist Steve Justice. Justice war 31 Jahre lang »Program Director for Advanced Systems« bei Lockheed Martin. Er hat seinen Job nur einen Monat vor dieser Pressekonferenz aufgegeben, um sich um das Bauen von DeLonges Maschinen und die Ufo-Aufklärung zu kümmern. Dann kommt Christopher Mellon an die Reihe. Er war »Deputy Assistant Secretary for Intelligence« unter Bill Clinton und George W. Bush. Im Verteidigungsministerium der Vereinigten Staaten, dem DoD, diente Christopher in einem kleinen Ausschuss, der die Aufsicht über alle speziellen Zugriffsprogramme des DoD zur Beseitigung möglicher Verschwendung und Doppelstrukturen bereitstellte.

In diesem Job hatte er auch Einsicht in Area 51, das militärische Sperrgebiet, das der Air Force und dem US-amerikanischen Verteidigungsministerium unterstellt ist, und andere sensible Einrichtungen. Auch Christopher Mellon ist schon länger interessiert an Ufos. Bereits im Jahr 2016 spricht er in einem Interview ungewöhnlich offen über das Phänomen, zitiert mehrere Fälle, bei denen er gern genauer wüsste, was los ist. Zum Beispiel die mysteriöse belgische Ufo-Welle von 1989 bis 1992, bei der so viele Ufos gesichtet wurden, dass sogar die USA und andere NATO-Staaten konsultiert wurden. Als Militär-Insider reagiert er genervt und gelangweilt, wenn die Öffentlichkeit Ufo-Sichtungen als simple Flugzeugtests abtut. In dem Interview aus dem Jahr 2016 sagt er: »Es ist völlig untypisch für das US-Militär, experimentelle Tests neuer Fahrzeuge über bewohnten Gebieten durchzuführen, wo die Sicherheit gefährdet würde und unschuldige Zivilisten in Gefahr geraten könnten. Das steht vollkommen im Widerspruch zur militärischen DNA. Der Gedanke an außerirdische Besuche ist tatsächlich einfacher zu glauben als das Niveau der Dummheit, das von den brillanten Menschen, die neue Flugzeugtechnologien für DoD entwickeln, gezeigt wird.«

Jetzt sitzt Mellon also auf der Bühne bei der Gründungspressekonferenz einer Organisation, die genau das herausfinden will. Und dann ist da noch ein Mann. Einer, der in den kommenden Jahren das Gesicht der Ufo-Aufklärung werden wird. Luis Elizondo.

Der Whistleblower

Luis Elizondo nennt sich selbst den »Ufo-Whistleblower«. Denn das geheime Ufo-Programm der US-Regierung, AATIP, von dem wir zu Beginn dieses Kapitels erzählt haben: Luis Elizondo hat dieses Programm geleitet und zwar bis exakt einen Tag vor Tom DeLonges Pressekonferenz. Am Vortag kündigt er und schreibt dem Verteidigungsminister: »Büro-kratische Herausforderungen und unflexible Denkweisen plagen das Ministerium auf allen Ebenen weiterhin. Das Ministerium muss die vielen Berichte der Marine und an-derer Dienste über ungewöhnliche Phänomene, die in mili-tärische Waffensysteme eingreifen und Fähigkeiten jenseits der nächsten Generation zeigen, ernst nehmen … Es besteht nach wie vor ein dringender Bedarf, die Fähigkeiten und Ab-sichten dieser Phänomene zum Nutzen der Streitkräfte und der Nation zu ermitteln.«

Im Gegensatz zu Tom DeLonge hat sich Elizondo, der auch Lue genannt wird, im Lauf seiner Karriere eigentlich nie groß für Ufos interessiert. Science-Fiction war nicht wirklich sein Ding, erzählt er in einem langen Porträt mit dem Magazin *GQ* (ja, ein Ufo-Forscher hat ein langes Porträt in *GQ*). Be-vor er der US-Armee beitritt, studiert er Mikrobiologie, Im-munologie und Parasitologie. Während seiner Dienstzeit ist er für die Geheimhaltung von neuartigen Flugzeugprototy-pen verantwortlich – Lue vermutet, dass er deshalb Ende der 00er-Jahre für eine Rolle bei AATIP angefragt wird. Er erin-nert sich heute noch daran, wie bei ihm der Groschen gefal-len ist, wie er plötzlich merkt: Holy Shit, die Dinger gibt es ja wirklich! »Es ist lustig, weil die Leute im Büro ein bisschen kichern und sagen: ›Oh, er hatte gerade seine Erleuchtung‹, weil die jeder irgendwann in diesem Büro hat.«

Was ihn überzeugt hat, sind die zahlreichen Videos von Ufos. Oder UAPs, wie Elizondo lieber sagt. Manche davon wurden 2017 veröffentlicht, andere sind immer noch geheim. Und dann sind da noch die Augenzeugenberichte. Die vielen, vielen Augenzeugenberichte: »Manchmal konnte man es einfach nicht glauben – man hatte sieben oder acht Vorfälle an einem einzigen Tag. Ich bekam diese E-Mails von einem Admiral oder Kapitän eines Schiffes, der sagte: ›Lue, was soll ich tun? Ich kann die Leute nicht für immer unter Deck halten. Diese Dinge umschwärmen mein Schiff, sie sind überall.‹ Das ist hart. Ich versprach immer wieder, dass die Kavallerie kommt und ich Antworten für sie hätte, aber die Kavallerie kam nie. Die Führungsebene wollte sich nicht damit befassen.«

Als Lue diese flehenden Mails und Anrufe bekommt, ist er schon längst Direktor von AATIP. 2012 wird diese Stelle zwar offiziell geschlossen, Elizondo arbeitet aber auch nach der Einstellung bis 2017 aus dem Pentagon am Ufo-Phänomen. Behaupten er und Harry Reid zumindest. Er sitzt zwischen den Stühlen, erzählt er. Auf der einen Seite sind da die zahlreichen Berichte, die Zeugenaussagen, die Videos. Und auf der anderen Seite die Geheimhaltungspolitik der USA. Das Phänomen soll untersucht werden, ja. Aber jemandem davon erzählen? Bitte nicht. Also schmeißt Luis Elizondo hin. Und sitzt quasi einen Tag später bei Tom DeLonge auf der Bühne. Dort erzählt er, dass eins seiner Ziele wäre, echte Aufnahmen vom Militär zu veröffentlichen, damit die ganze Welt das Phänomen sieht. Und zwar nicht verschwommen und nicht von Amateuren gefilmt, sondern offiziell geleakt.

Zwei Monate später muss man festhalten: Mission accomplished. Natürlich sagt die *New York Times* aus Quellenschutz nicht, woher die Videos genau stammen. Aber eine Connection zur »To The Stars Academy« ist unumstritten. Hier erscheinen nämlich nicht nur zeitgleich die beiden ersten Videos, sondern wenig später auch ein drittes. Christopher Mellon soll angeblich den Reportern – und der TTSA – geholfen haben, an das Material zu kommen. Und Luis Elizondo, der Whistleblower, wird über Nacht das Gesicht der weltweiten Ufo-Aufklärung. Immerhin hat er jahrelang auf den Informationen gesessen, die nun veröffentlicht wurden. Für Lue beginnt eine aufregende, aber auch paranoide Zeit: »Ich erhielt ständig Anrufe, dass das FBI kommen und mein Haus durchsuchen würde. Es gab einen Punkt, da ruft mich jemand an und meint: ›Hey, Mann, es könnte sein, dass du Besuch bekommst, vielleicht schon in der nächsten Stunde.‹ Also hab ich mitten in der Nacht alles im Barbecuegrill meines Nachbarn versteckt. Nur für den Fall, denn das waren die Beweismittel dafür, dass unsere Regierung wirklich in dieses Thema involviert war. Es war nicht einfach. Es verursachte viel Stress bei meiner Frau und meinen Töchtern. Bis vor Kurzem versuchten sie immer noch, meine Sicherheitsfreigabe zu widerrufen.« Sicherheitsfreigaben kennen wir nur aus Spionage-Thrillern, wenn Dokumente als »secret« oder gar »topsecret« eingestuft werden. Elizondo war für Dokumente hoher Geheimhaltungsstufe freigegeben. Diese Freigabe sollte ihm wieder entzogen werden.

Dass Elizondo nie Besuch vom FBI bekam, immer noch Teil des Sicherheitsapparats ist und seine Sicherheitsfreigabe am Ende des Tages behalten durfte, ist keine Selbstverständlichkeit. Für das Verteidigungsministerium war Elizondos Kündigung natürlich ein Schlag ins Gesicht. Sie versuchen ihn unglaubwürdig zu machen. Christopher Sherwood, damaliger Sprecher des Pentagons, sagt 2019 zum Beispiel: »Herr Elizondo hatte keine Verantwortlichkeiten in Bezug auf das AATIP-Programm.« Diese Versuche dauern Jahre an. Und gehen so weit, dass Senator Harry Reid im April 2021 einen öffentlichen Brief schreibt, in dem er versichert: Ja, Luis Elizondo hat bei AATIP gearbeitet. Ja, er hat AATIP sogar geleitet. Und ja, er hat einen verdammt guten Job gemacht.

Status quo

Es klingt vielleicht absurd, aber: Tom DeLonge – der Gitarrist, der im Musikvideo zu »What's My Age Again?« noch nackt durch Los Angeles gejoggt ist – hat vielleicht mehr für eine seriöse Ufo-Forschung getan als jeder andere vor ihm. Seine »To The Stars Academy« hat es wirklich geschafft, dass wir Anfang der 2020er-Jahre anders über Ufos nachdenken als noch in den 1990ern. Auch wenn sie sonst neben ein paar Büchern und Dokumentarfilmen nicht viel hinbekommen haben. Aber dass das US-Pentagon anders über Ufos spricht, das geht auf ihr Konto. Da wäre zum einen der beispiellose Schritt, dass das Pentagon im Jahr 2019 zugibt, dass die Videos nicht nur echt sind, sondern auch das: »Teil eines größeren Problems sind vermehrte Vorfälle von Trainingsbereichsverletzungen durch nicht identifizierte Luftphänomene in den letzten Jahren«. Aus Beamtensprache heraus übersetzt heißt das so viel wie: »Wir sehen die Dinger immer häufiger und haben keine Ahnung, was die sind.«

2020 ordnete der US-Kongress dann eine offizielle Untersuchung des Phänomens an. Die Geheimdienste der USA sollten innerhalb von 180 Tagen einen Bericht anfertigen, der zur Veröffentlichung geeignet ist. Und weil das Pentagon darüber spricht und die Geheimhaltung aufhebt, hören wir zum ersten Mal von den Menschen, die die UAPs wirklich gesehen haben. Zum Beispiel durch die Pilotin Alex Dietrich. Sie ist im Jahr 2004 Augenzeugin beim sogenannten »Nimitz Encounter«, der Ufo-Sichtung, die wir im FLIR-Video beobachten konnten. Ein Detail, das nicht im Video auftaucht: die ungeheure Beschleunigung, die das TicTac erreicht. Als Dietrich und ihr Co-Pilot Dave Fravor nämlich versuchen, das Objekt abzufangen, beschleunigt es so stark, dass es den Anschein hat, es wäre einfach verschwunden. Ein paar Sekunden später hat das Kampfschiff USS Princeton das Objekt geortet. 60 Meilen vom vorherigen Standort entfernt. Alex Dietrich ist froh, endlich ihre Geschichte erzählen und dem Stigma, das dem Thema immer noch anlastet, etwas Handfestes entgegensetzen zu können.

Inzwischen hat die UAP-Task-Force, die auf Bitte des US-Kongresses gegründet wurde, einen Workflow eingerichtet, wie Piloten und Pilotinnen UAPs auf offiziellem Weg melden können. Diese Sichtungen werden dann offiziell ausgewertet und finden irgendwann ihren Weg in den UAP-Report des US-Kongresses. Der erste erscheint am 21. Juni 2021 und wird von der Ufo-Community, die immer noch ein wenig mit ihrer Umbenennung in UAP-Community fremdelt, sehnsüchtig erwartet. In den Wochen vor seinem Erscheinen braucht plötzlich jedes Medium auf der Welt einen Ufo-Experten. Selbst die nicht für verschwörerische Schnellschüsse bekannte Zeitschrift *Scientific American* packt Ufos aufs Cover und stellt die Frage, ob wir ein neues Zeitalter der Ufo-Forschung benötigen. Der Harvard-Astronom Avi Loeb stellt in dieser Zeitschrift sogar die Frage, ob der merkwürdige Asteroid Oumuamua ein Alien-Mutterschiff ist, das in Verbindung mit den UAP-Sichtungen steht. Der Asteroid mit dem hawaiianischen Namen ist Astronomen schon 2017 aufgefallen, da er sich anscheinend wie von allein fortbewegt. Die Chemikerin Jennifer Bergner und der Astronom Darryl Seligman publizieren im Jahr 2023 eine Studie im Fachmagazin *Nature*, die eine andere Theorie verfolgt. Sie glauben, die merkwürdige Form läge an ausgestoßenen Wasserstoffdämpfen, aber bis heute halten sich Ufo-Theorien um das Objekt.

Es wird in diesem Buch gleich noch ausführlich um den »Summer of the Flying Saucer« gehen, der 1947 die USA in Atem gehalten hat. Der Sommer 2021 ist sein direkter Nachfolger. Kurz vor Veröffentlichung des Ufo-Berichts ist die Stimmung angespannt. Alle warten sehnlichst darauf, ihn zu lesen. Wird das Pentagon endlich zugeben, dass sie seit 60 Jahren Ufos im Besitz und Aliens aus Ufo-Wracks geborgen haben? Oder dass sie Alien-Technologie nachgebaut haben? Oder gar, dass Aliens seit Jahrtausenden auf unserer Erde sind?

Natürlich nicht. Der offizielle Bericht des Pentagons liest sich wie, nun ja, ein offizieller Bericht des Pentagon. Furztrocken, spröde, kompliziert. Im Ufo-Forum bei Reddit, r/ufo, bringt es ein Nutzer auf den Punkt: Wie zur Hölle hat es die Regierung geschafft, Aliens langweilig zu machen? Der Bericht beginnt nach einer kurzen Präambel mit einem klaren Dämpfer: »Die begrenzte Menge an hochwertigen Berichten über nicht identifizierte Luftphänomene (UAP) beeinträchtigt unsere Fähigkeit, feste Schlussfolgerungen über die Natur oder Absicht von UAP zu ziehen.« Dieser Satz fasst auch den Grundtenor des Dokuments zusammen: Wir sehen da draußen Dinge, aber wir haben zu wenig Daten, um sagen zu können, was los ist. »Ich habe nichts erwartet und wurde trotzdem enttäuscht«, kommentiert ein Nutzer auf Twitter die Angelegenheit.

Von 144 Sichtungen konnten die Forschenden nur genau eine aufklären. Auch wenn das eine Enttäuschung ist: Vertieft man sich einmal in die Details, ist der Report recht aufschlussreich. Da wäre zum einen die Aussage, dass die meisten der gemeldeten UAP-Sichtungen von mehreren Sensoren gleichzeitig bestätigt wurden. Also von Radar, Infrarot, Laser, den Waffensuchsystemen und den verbauten Kameras. Diese Häufung lässt für das Pentagon den Schluss zu, dass es sich wirklich um ein Objekt handelt und nicht etwa um einen Systemfehler, eine optische Täuschung oder Ähnliches. Außerdem schließt das Pentagon aus, dass die Objekte von Drittstaaten wie Russland oder China stammen. Ebenfalls bemerkenswert: In 18 Sichtungen wird von abnormalen Flugeigenschaften gesprochen: »Einige UAP schienen in den Höhenwinden stationär zu bleiben, sich gegen den Wind zu bewegen, plötzliche Manöver auszuführen oder sich mit beträchtlicher Geschwindigkeit fortzubewegen, ohne erkennbare Antriebsmittel. In einer kleinen Anzahl von Fällen haben militärische Flugzeugsysteme Frequenzen im Radiospektrum empfangen, die mit UAP-Sichtungen in Verbindung standen.« Ein Wahnsinnssatz, der dann gleich wieder von einem »Aber es kann auch sein, dass unsere Sensoren nicht funktionieren, sorryyyy« neutralisiert wird. Das Letzte war übrigens kein wörtliches Zitat aus dem Bericht, auch wenn ein bisschen Flavor dem Ganzen gutgetan hätte.

Was uns wieder zum Vorwurf bringt, dass es die US-Regierung geschafft hätte, Aliens langweilig zu machen. Eines unserer Ziele mit diesem Buch ist es ja, uns für eine neue, wissenschaftlich fundierte Ufologie starkzumachen. Lasst uns einfach so nüchtern wie möglich herausfinden, was diese Objekte sein könnten. Und wenn sich herausstellt, dass irgendwo bei einem Flugzeugbauer die Sensoren falsch kalibriert wurden und wir demnach doch allein im Universum sind, dann ist das ok. Wissenschaft darf auch mal langweilig sein. Es gibt in der Ufologie einen viel zitierten Spruch vom Astronomen Carl Sagan. Der meinte: »Außergewöhnliche Behauptungen benötigen auch außergewöhnliche Beweise.«

Wir stimmen dem voll zu und würden gern ergänzen: Außergewöhnliche Behauptungen brauchen die nüchternste und langweiligste Aufarbeitung. Und genau das liefert der Ufo-Bericht des Pentagon. Im ersten Report aus dem Jahr 2021 geht es viel weniger um aufsehenerregende Alien-Technologie als um die korrekte Klassifizierung von Sichtungen, eine nachhaltige Materialsammlung und den Wunsch nach besseren Datasets. Um die Datenlage zu verbessern, wird das Pentagon eine neue Stelle einrichten, das AARO (»All-Domain Anomaly Resolution Office«). Dieses Büro wird in Zukunft dafür sorgen, dass alle Sichtungen zentral zusammenlaufen und dann untersucht werden. Entsprechend sind im zweiten Ufo-Bericht aus dem Jahr 2023 schon 510 in der Kartei – inzwischen spricht AARO sogar schon von mehr als 650 Fällen. Und tatsächlich konnten ein paar Fälle inzwischen gelöst werden: Ganze 163 Ballonsichtungen verstecken sich in den Daten, 26 Drohnen und sechsmal »Clutter«, also so etwas wie Datenmüll: Vögel oder Teile, die von Flugzeugen abgefallen sind. Der zweite Bericht hat entsprechend für viel weniger Wirbel gesorgt – das Thema ist jetzt in den Händen der Wissenschaft, und wir können alle ein wenig runterkommen.

All the Small Things

Tom DeLonge hat es also geschafft, dass plötzlich alle über Ufos sprechen. Dass wir einen wirklichen Ufo-Report haben, dass es eine öffentliche Stelle gibt, die transparent Vorfälle untersucht und auswertet. Trotzdem ist er heute in Ufo-Kreisen nicht unumstritten. Da wäre zum einen Steven Greer. Der »Ich kann Ufos herbeimeditieren«-Ufologe ist kein Fan mehr von Tom DeLonge und den von ihm angestoßenen Ufo-Berichten. Denn Steven Greer steht der Regierung misstrauisch gegenüber – sagt sogar, dass die »To The Stars Academy« eine große Desinformationskampagne der USA ist. Ufos sollen als Gefahr für die nationale Sicherheit dargestellt werden, damit mehr Geld in den Verteidigungshaushalt und damit in den Militärisch-industriellen Komplex fließt. Greer verweist dabei gern auf den nachrichtendienstlichen Background von vielen, die bei TTSA aktiv waren. Und tatsächlich ist ein gesundes Misstrauen angebracht. Wir erzählen später im Buch die Geschichte des Geschäftsmannes Paul Bennewitz, die ganz ähnlich wie die von Tom DeLonge beginnt und sich dann als eine der absurdesten und tragischsten Desinformationskampagnen aller Zeiten herausstellt. Tom DeLonge sagt selbst, dass er glaubt, benutzt zu werden, das aber nur, um die Aufklärung zum Thema Ufos voranzutreiben: »Aber ich glaube nicht, dass sie mich für irgendeine Art von Fehlinformationen verwenden. Absolut nicht. Es hat ein Jahr gedauert, um drei Gruppen von Menschen in verschiedenen Behörden zu erreichen, die für dieses Thema zuständig waren – nicht nur in Bezug auf Ingenieurwesen, sondern auch in Bezug auf Geheimdienste und das Militär. Sie alle haben die genau gleiche Sache erzählt.«

Das ist jetzt nicht die – sagen wir mal – überzeugendste Gegendarstellung, dass er Teil einer Desinformationskampagne war. Entsprechend geht eine populäre Tom-DeLonge-Kritik bzw. Verschwörungstheorie so: Die USA haben schon die besten und fortschrittlichsten Waffensysteme der Welt, der Innovations- und Investitionsdruck nimmt ab. Es fehlt die eine große Bedrohung. Wie wäre es also, wenn wir der Öffentlichkeit weismachen, dass wir Dinge am Himmel sehen, die jenseits unserer Vorstellungskraft sind? Um diese Idee zu verkaufen, brauchen wir nur noch einen coolen Fürsprecher, jemanden, der bei den Kids ankommt. Wie wäre es mit diesem Blink-182-Typen? Auch wenn wir dieser Verschwörungstheorie keinen sonderlich großen Glauben schenken, lässt sie doch einen witzigen Gedanken zu: Tom DeLonge ist genau die Person, von der ein bärbeißiger CIA-Manager sich *vorstellen* würde, dass sie bei den »Kids« gut ankommt. Jemand, der zu Beginn seiner Ufo-Obsession im Jahr 2015 schon die Vibes von einem Zivilfahnder hat, der Kids im Park fragt, ob sie einen »Kiffbolzen mit dem besten Skunk« haben, und der eben nicht mehr cool ist. Außerdem ist da sein Pitch an große Rüstungshersteller: Eine Ufo-Aufklärung hilft euch, die besten Köpfe für eure kommenden Verteidigungsprojekte zu rekrutieren. Das kommt natürlich nicht überall gut an. Der Militärisch-industrielle Komplex ist für viele der Erzfeind, wenn es um Ufo-Aufklärung geht.

Dieses Misstrauen ist einer der Gründe, weshalb Tom heute nicht der Messias der Ufo-Szene ist. Auch seine TTSA, die den Grundstein für die Aufklärung gelegt hat, hat Probleme. 2018 meldet sie der US-Aufsichtsbehörde SEC ein Defizit von knapp 38 Millionen Dollar. Im Jahr 2020 verlassen Luis Elizondo, Christopher Mellon und Steve Justice das Unternehmen. Die Männer also, die am ernsthaftesten für eine seriöse Ufo-Aufklärung standen, sind nicht mehr dabei. Elizondo erzählt damals in einem Podcast-Interview: »Ich liebe meine Freunde bei TTSA. Sie sind unglaubliche Menschen, aber ich muss auch sagen, dass meine Mission immer sehr klar war: Vorantreiben der Aufklärung. Das ist es. Gemeinsam haben wir in drei Jahren mehr erreicht, als ich denke, dass irgendjemand von uns erwartet hätte.« Die TTSA gibt im Jahr 2021 bekannt, dass sie jetzt doch kein Ufo mehr bauen will, sondern sich auf das konzentrieren wird, was sie zuvor schon gemacht hat: Entertainment. Die wirklich großen Erfolge bleiben noch aus, aber wen kümmert das schon.

Tom DeLonge mag zwar umstritten sein, aber er hat es im Alleingang geschafft, dass wir in Zukunft doch eine Antwort auf eine Frage bekommen, die uns schon sehr lange beschäftigt. Denn Ufos sind kein neues Phänomen. Und Luis Elizondo sagt sogar: »Ich habe offizielle Regierungsdokumente in meinem Besitz, die genau dasselbe Flugzeug beschreiben, das wir jetzt als TicTac bezeichnen und das von den Piloten der Nimitz im Jahr 2004 beobachtet wurde. Es wird bereits in den frühen 1950er- und 1960er-Jahren beschrieben und zeigt Leistungen, die ehrlich gesagt alles übertreffen, was wir kennen. Es wäre absolut lächerlich anzunehmen, dass ein Land in den frühen 1950er-Jahren Überschalltechnologie, sofortige Beschleunigung und Luft-zu-Wasser-Flug entwickelt hätte.«

Dieses Zitat bringt uns zurück in eine Zeit, in der das Ufo-Phänomen seinen Ursprung fand. In den Sommer des Jahres 1947, dem »Summer of the Flying Saucer«.

KAPITEL 2

DAS JAHR DER FLIEGENDEN UNTERTASSE

Eigentlich wollte Kenneth Arnold doch nur Sprinkler verkaufen. Der Geschäftsmann ist im Juni 1947 im Nordwesten
der USA unterwegs. Von einer Kleinstadt in die nächste. Mit
dabei im Gepäck: automatisierte Sprinklersysteme, die er mit
seiner eigenen Firma vertreibt. So klappert er Rathaus um
Rathaus, Fabrikhalle um Fabrikhalle und Schule um Schule
ab, damit diese seine Sprinkler kaufen. All diese Geschäfts-
reisen erledigt der 32-Jährige ganz geschmeidig mit seinem
eigenen Luftfahrzeug. Vor dem Tag, der sein Leben verändern
sollte, ist Kenneth Arnold ganze 863 Mal auf irgendwelchen
Kuhäckern im Nordwesten der USA gelandet, um vor Ort
seine Sprinkler zu verkaufen.

Der 27. Juni 1947 ist genau solch ein Kuhacker-Tag. Kenneth Arnold ist in Chehalis, Washington, einem Ort mit
knapp 5000 Einwohnern. Die Autobahn wird hier erst 1969
fertiggestellt – will man nach Chehalis, muss man zum Beispiel von Seattle aus zweieinhalb Stunden Richtung Süden
fahren. Oder aber man setzt sich in seine CallAir A-2, ein

einmotoriges Kleinflugzeug, und landet auf einer grünen Wiese.

Die Gegend, in der Chehalis liegt, ist traumhaft. Die erste Ufo-Sichtung der Welt findet nämlich nicht in der Wüste Nevadas, sondern im saftigen Grün Washingtons statt. Am ehesten lässt sich die Landschaft mit unseren Alpen vergleichen: dichte Nadelwälder, klare Gebirgsflüsse, und über allem thront das Kaskadengebirge. Eine Bergkette, die aus aktiven Schichtvulkanen besteht, mit dem 4392 Meter hohen Mount Rainier als Höhepunkt. Wie so viele schöne Dinge in der Welt ist diese Bergkette atemberaubend und tödlich zugleich. Im Jahr 2023 fürchtet der Staat Washington schon lange einen Ausbruch des Mount Rainier, der die Landschaft in ein Ödland verwandeln würde. Es ist dieser Vulkan, über dem Kenneth Arnold am 27. Juni 1947 eine Gruppe von neun Ufos sehen wird.

An diesem Tag hat Kenneth Arnold gegen zwei Uhr nachmittags genug vom Sprinklerverkaufen, er steigt in sein Flugzeug und will sich auf den Weg Richtung Osten machen. Leider wird sein Start verzögert. Denn ein Flugzeug der US-Luftwaffe ist in der Gegend abgestürzt, die Militärs versuchen es erst eigenhändig zu finden, dann setzen sie ein Kopfgeld aus. 5000 Dollar für denjenigen, der in der zerklüfteten Berglandschaft Washingtons das Wrack findet. Inflationsbereinigt sind das heute 61 000 Dollar. Für Kenneth Arnold Anreiz genug. Eigentlich sollte seine Route schnurstracks nach Yakima, Washington, führen. Aber so macht er einen kleinen Umweg. Der Himmel ist klar und windstill an diesem Tag – Arnold setzt einen Kurs fest und lässt das Flugzeug von allein fliegen. Es ist kurz vor drei, als er plötzlich geblendet wird:

»Ich suchte den ganzen Himmel ab und konnte nicht herausfinden, woher die Reflexion kam, bis ich nach links und nördlich von Mt. Rainier blickte, wo ich eine Kette von neun seltsam aussehenden Flugzeugen beobachtete, die in einer Höhe von etwa 9500 Fuß von Norden nach Süden flogen und scheinbar eine bestimmte Richtung von etwa 170 Grad einschlugen.«

So schreibt Kenneth Arnold später seine Erfahrung für die Air Force nieder. Zunächst nimmt er an, dass es sich um Düsenflugzeuge handelt. »Ich fand es sehr merkwürdig, dass ich ihre Heckflossen nicht erkennen konnte, ging aber davon aus, dass es sich um eine Art Düsenflugzeuge handelt.« Die Objekte fliegen in einer Formation, die aussieht, als wären sie wie an einer Perlenschnur aufgereiht. Sie bilden eine perfekte diagonale Linie. Gänse auf dem Weg in den Süden.

Arnold beobachtet die Objekte genau. Sie sind weit entfernt, aber aufgrund der klaren Sichtverhältnisse kann er ihre Form und Größe relativ genau abschätzen. »Ich wusste, sie müssen sehr groß sein, um ihre Form in dieser Entfernung erkennen zu können«, erklärt er. Arnold beschreibt jedes Objekt als kreisförmig, etwa 30 Meter groß und ohne erkennbaren Schweif. Die Objekte kippen, rollen und schlängeln sich seitlich hin und her, »wie der Schwanz eines chinesischen Drachens«. Als sie Mount Rainier passieren, beginnt Arnold, ihre Geschwindigkeit zu messen. Sie legen die Strecke zwischen Mount Rainier und Mount Adams in nur 1 Minute und 42 Sekunden zurück. Kenneth Arnold schätzt, dass die Objekte 1900 Stundenkilometer schnell sind. Schon während er hier in tausenden Metern Höhe seine Berechnungen durchführt, bekommt er ein mulmiges Gefühl: »Je mehr ich diese

Objekte beobachtete, desto beunruhigter wurde ich, da ich mit den meisten Flugobjekten vertraut bin, egal ob ich mich in Bodennähe oder in größeren Höhen befinde.« Er kann die Objekte sogar mit bloßem Auge sehen, nachdem er das Seitenfenster seines Flugzeugs geöffnet hat, um eine unverstellte Sicht zu erhalten. Sein ursprünglicher Plan, nach dem abgestürzten Flugzeug der US-Luftwaffe Ausschau zu halten, ist vergessen.

Kurze Zeit darauf sind die unbekannten Flugobjekte verschwunden – und Kenneth Arnolds Leben ist auf den Kopf gestellt. Als er auf dem Flugplatz in Yakima landet, erzählt er den dortigen Piloten sofort, was er gesehen hat. Die skeptischen Erklärungsversuche, die Arnold sein ganzes Leben begleiten werden – hier hört er sie zum ersten Mal. Gleich nach der Landung marschiert Arnold in das Büro seines Kumpels und Flugplatz-Managers Al Baxter, um ihm von seiner unglaublichen Erfahrung zu berichten. Das Gespräch sollte eigentlich im Vertrauen stattfinden. Aber Baxter ist eine Plaudertasche. Zuerst ruft er gleich noch einen Piloten ran, damit dieser sich auch eine Meinung bilden kann. Der wiederum meint, dass es sich bei den Flugobjekten um selbstlenkende Raketen auf einem Testflug handeln könnte. Arnold ist beruhigt. Das klingt für ihn nach einer plausiblen Erklärung, »auch wenn ich noch von keiner Raketenbasis in Moses Lake, Washington, gehört habe«. Ein anderer Erklärungsversuch: Vielleicht führen die US-Streitkräfte gerade geheime Tests mit neuen Flugzeugen durch. Wer weiß, immerhin ist Boeing doch in Washington ansässig und wurde sogar dort gegründet.

Erleichtert steigt Kenneth Arnold wieder in sein Flugzeug, das inzwischen aufgetankt wurde. Er fliegt weiter nach Pendleton, Oregon – ebenfalls eine kleine Stadt mit knapp 10 000 Einwohnern. Doch als er dort landet, warten schon jede Menge Piloten gespannt auf ihn. Denn Al Baxter hat in der Zwischenzeit angerufen und die ganze Geschichte brühwarm weitergetratscht. Jetzt wollen alle es noch einmal von Arnold persönlich hören. Schon in dieser Geburtsstunde der fliegenden Untertasse ist klar: Die Fantasie ist größer als der Verstand. Die Männer gehen gemeinsam über Arnolds Kalkulationen, versuchen die Größe und Geschwindigkeit der Objekte zu schätzen und landen am Schluss bei derselben Erklärung: Das müssen selbstlenkende Raketen gewesen sein. Wichtig ist an dieser Stelle zu wissen: Im Jahr 1947 ist Raketentechnologie absolutes Neuland. Die Nazis hatten bis zum Kriegsende versucht, die V2-Rakete zu entwickeln – diese hätte es ihnen ermöglicht, Ziele in England anzugreifen, ohne Pilotenleben zu riskieren. Das »V« in V2 steht übrigens für Vergeltungswaffe.

Wir geben also zu: Die nächsten Schritte von Kenneth Arnold sind aus heutiger Sicht ein bisschen schwer zu erklären. Er selbst sagt, dass er dringend um Aufklärung bittet, was er dort genau gesehen hat. Er hält seine Entdeckung für so wichtig, dass er das FBI informieren will. Der Kalte Krieg steckt 1947 zwar noch in seinen Kinderschuhen – den Begriff gibt es sogar erst seit April 1947 –, aber Kenneth Arnold denkt trotzdem: Was, wenn das keine amerikanischen Raketen waren, sondern sowjetische? Washington ist vom östlichsten Zipfel Russlands nur 3500 Kilometer entfernt. Und wenn jetzt die Russen vielleicht die V2-Rakete nachbauen und es niemand weiß – was dann? Außerdem ist da noch eine Erinnerung an den Zweiten Weltkrieg: Zwischen 1944 und 1945 haben die Japaner 93 000 Ballonbomben in Richtung USA geschickt. Davon sind zwar nur 297 angekommen, aber der psychologische Effekt ist in der Region trotzdem noch stark.

Also geht Kenneth Arnold am nächsten Tag zum FBI. Er hat einen fetten Stapel Papiere dabei. Berechnungen, Daten und jede Menge Kartenmaterial. Er will den Beamten so detailliert wie möglich zeigen, was er wo gesehen hat. Als er dort ankommt, steht er vor verschlossenen Türen. »Ok«, denkt sich Arnold vermutlich, »dann probiere ich es eben bei der nächsthöheren Instanz.« Und so klopft er kurz darauf an die Bürotür von Bill Bequette und Nolan Skiff, Redakteure bei der Tageszeitung *East Oregonian*. Die beiden hören Kenneth Arnolds Schilderungen mit großen Ohren zu und entscheiden dann, daraus einen Artikel zu machen.

Aber nicht nur das: Bequette beschließt, dass man diese Meldung auch der Nachrichtenorganisation Associated Press anbieten sollte. Vielleicht interessieren sich ja auch Menschen außerhalb von Ost-Oregon dafür. Am 25. Juni erscheint der Artikel, der mit folgendem Satz beginnt: »Nine bright saucer-like objects flying at ›incredible speed‹«.

Ab hier brechen alle Dämme. In den ganzen USA wird die Nachricht abgedruckt. Von Kalifornien bis nach New York liest man von Arnolds Entdeckung. Doch während Arnold in seinem Interview mit Bequette und Skiff immer nur von »saucer-like«, also »scheiben*artigen* Objekten« sprach, erfindet irgendwo ein schlauer Titelzeilenmacher die »flying saucers«, die fliegenden Untertassen. Arnold spricht sogar ausdrücklich davon, dass die Scheiben nicht rund waren.

Kenneth Arnold, dieser Pilot aus Idaho, wird zum Fixpunkt einer landesweiten Hysterie. Der »Summer of the Flying Saucer« hat begonnen, und Arnold ist sein Hauptdarsteller. Der meint schnell: »Diese ganze Sache ist außer Kontrolle geraten. Ich will einfach nur mit dem FBI oder jemand Ähnlichem sprechen. Die Hälfte der Leute denkt, ich wäre eine Kombination aus Einstein, Flash Gordon und einem Spinner. Ich frag mich, was meine Frau zu Hause in Idaho denkt.« Aber sein Flehen wird nichts nützen. Denn Arnolds Entdeckung kommt genau richtig, sie passt perfekt in den Zeitgeist. Ende der 30er-Jahre hat in den USA das »Goldene Zeitalter der Science-Fiction« begonnen. Waren Sci-Fi-Geschichten vorher eher auf dem Niveau von Groschenromanen, verändern Autoren wie Ray Bradbury, Robert A. Heinlein, Isaac Asimov oder Arthur C. Clarke das Genre. Das »Science« in Science-Fiction wird plötzlich großgeschrieben, es geht in den Storys um neue Antriebssysteme, Generationenschiffe, die das Universum erkunden, und Alien-Zivilisationen. Der Ton der Geschichten ist optimistisch: Der Krieg ist vorbei, die Menschheit hat aufgehört, sich gegenseitig abzuschlachten, und schaut daher zu den Sternen; in der Hoffnung, dass dort eine schönere Zukunft auf sie wartet. Eine Denkfigur, die sich übrigens in den 90er-Jahren wiederholt – aber dazu später.

Kenneth Arnolds Entdeckung passt also hervorragend in eine Periode, in der die Amerikaner sowieso darüber nachdenken, wie der nächste Schritt für sie als Nation aussehen könnte.

Die erste Ufo-Welle

Nach Arnolds Sichtung am 24. Juni 1947 beginnt eine landesweite Hysterie rund um fliegende Untertassen in den USA, die später auch als »Ufo-Craze von 1947« oder eben »Summer of the Flying Saucer« bezeichnet wird. In diesem Sommer häufen sich Berichte über Ufos, wobei es sich Schätzungen zufolge um mindestens 800 »Nachahmerberichte« handelt, während andere Quellen ihre Zahl sogar in die Tausende gehen lassen.

Schon im Jahr 1947 bei der ersten modernen Ufo-Sichtung finden sich alle Erzählstränge, die wir heute noch bei den UAPs sehen: unerklärliche Beobachtungen, eine offizielle Untersuchung durch das Militär, Gläubige, Skeptiker, Massenhysterie. Die Geschichte der Ufos ist zyklisch, ein ewiger Kreislauf aus Glaube, Hoffnung, Liebe und Skepsis. Und mittendrin sind diejenigen, die hoffen, mit dem Thema ordentlich Kohle zu verdienen (wir gehören da übrigens nicht zu, denn mit Büchern wird man nicht reich).

Egal, ob wir Kenneth Arnolds Ufos von 1947 anschauen oder die Phoenix Lights von 1997 oder die UAPs von 2017: Die erste Stufe jeder Ufo-Welle ist die Sichtung. Irgendjemand sieht irgendetwas am Himmel. In den 40ern ging man mit einer solchen Sichtung dann zur örtlichen Tageszeitung, die – wenn man Glück hat – das Anliegen ernst nimmt. Heutzutage versucht man ein wackliges Video zu machen und das auf Reddit oder TikTok zu posten. Übrigens sollten wir an dieser Stelle endlich einmal genau definieren, von was wir eigentlich sprechen, wenn wir »Sichtung« sagen. Die Ufologie bietet hier eine handliche kleine Skala, die sogenannte Hynek-Skala, benannt nach dem amerikanischen Astronom Josef Allen Hynek, der sie im Jahr 1972 ausgearbeitet hat.

Sie unterscheidet in ihrer Grundform verschiedene Intensitäten von Ufo-Kontakten:

1. Nocturnal Light

Wenn ich nachts merkwürdige Lichter am Himmel entdecke und nichts weiter, dann fällt die Sichtung in die Kategorie NL. Die meisten irrtümlich gemeldeten Ufos sind Teil dieser Kategorie. Fehlerquellen können helle Sterne, Flugzeuge oder auch ungünstige Lichtreflexionen sein.

2. Daylight Disc

Wie der Name schon ahnen lässt, handelt es sich hier um Flugscheiben, die am helllichten Tag beobachtet werden. Die von Kenneth Arnold beobachteten Scheiben sind zum Beispiel klassische Daylight Discs.

3. Radar/Visual

Die Kategorien schließen sich gegenseitig nicht aus, wie die Begriffskopplung »Radar/Visual« zeigt. Denn hierzu zählen alle Sichtungen, die durch Geräte wie Radarsysteme bestätigt wurden. Technische Verifikation einer Sichtung ist natürlich eine harte Währung im Ufo-Business – allerdings sind Maschinen auch fehlbar. Radarsysteme können durch »Anomalous Propagation« (AP oder anaprop) gestört werden, anormale Ausbreitungen also, die beispielsweise dann auftreten können, wenn Wellen durch die Atmosphäre ungünstig gebrochen und zurückgespiegelt werden.

4. Close Encounter

Jeder auch nur halbwegs Ufo-Interessierte kennt den Begriff Close Encounter – oder auf Deutsch: Nahbegegnung. Schließlich kommt das Wort in einem der bekanntesten Science-Fiction-Filme aller Zeiten vor: »Close Encounters of the Third Kind« (»Die unheimliche Begegnung der dritten Art«) von Steven Spielberg. Ein Film, der sich übrigens auf die Forschung von J. Allen Hynek stützt – Ufo-Begegnungen, die er untersuchte, waren Grundlage für das Drehbuch. Hynek ist so wichtig für den Film, dass er sogar in der bedeutsamsten Szene eine Gastrolle hat. Aber ok, was sind denn jetzt diese Close Encounters? Hynek unterscheidet drei Arten:

CE1 (Close Encounter of the 1st Kind)

Die meisten Ufos, die beobachtet werden, sind ferne Lichter oder Objekte irgendwo am Horizont. Selten sind jene Begegnungen mit Objekten, die weniger als 150 Meter voneinander entfernt sind. Das sind ziemlich genau anderthalb Fußballfelder. Das ist verdammt nah.

CE2 (Close Encounter of the 2nd Kind)

Hynek zählt unter Begegnungen der zweiten Art jene, die in irgendeiner Art einen messbaren Einfluss auf unsere Umwelt nehmen. Also verbrannte Vegetation, chemische Spuren, die gefunden werden und – ja – auch abgestürzte Ufos. Zu Roswell kommen wir gleich. Dass das Kriterium der Begegnung der zweiten Art nicht ganz messerscharf ist, zeigt übrigens, dass hier auch weichere Kriterien dazuzählen: Hitzewahrnehmung bei den Beobachtenden zum Beispiel. Oder wenn durch ein auf einer Weide landendes Ufo Kühe anfangen zu muhen.

CE3 (Close Encounter of the 3rd Kind)

Jetzt sind wir endlich bei der intensivsten Erfahrung angekommen, wenn es nach J. Allen Hynek geht: die Begegnung der dritten Art. Die kommt dann zustande, wenn der Beobachter die Insassen des Flugobjekts *sieht*. Glaubt man daran, dass sich in einem Ufo Aliens befinden, wäre diese visuelle Begegnung der sogenannte Erstkontakt. Diese Begegnungen sind zwar sehr selten, aber sie sind dokumentiert. Auch dazu später mehr, wenn wir nach Roswell schauen.

So viel an dieser Stelle zu der offiziellen Hynek-Skala. Die Ufologie hat diese jedoch im Lauf der Jahrzehnte erweitert und zwei zusätzliche Begegnungsarten erfunden. Wir sagen bewusst »erfunden«, weil CE4 und CE5 den Bereich der Nachprüfbarkeit verlassen. Obwohl CE3 auch schon hart an der Grenze ist. Auch wenn das einige Ufologen natürlich bestreiten würden.

CE4 (Close Encounter of the 4th Kind)

Damit sind »Entführungserlebnisse« gemeint. Wenn also nicht nur der Erstkontakt stattfindet, sondern Menschen geschnappt und in den Ufos mitgenommen werden. Die meisten CE4-Berichte sind umstritten. J. Allen Hyneks Weggefährte Jacques Vallée schlägt vor, diese vierte Kategorie dahingehend zu öffnen, dass dazu auch solche Fälle zählen, in denen der »Realitätssinn« der beobachtenden Person verändert wird. Somit würden auch Situationen, in denen es um Telepathie oder Halluzinationen geht, zu CE4 gehören. Und davon scheint es nicht wenige zu geben.

CE5 (Close Encounter of the 5th Kind)

Diese Kategorie stammt vom amerikanischen Ufologen Steven M. Greer. Ihm haben wir uns schon ausführlich gewidmet. Greer ist überzeugt, dass man Ufo-Sichtungen durch Meditation herbeiführen kann.

The Summer of the Flying Saucer

Ok … kurz durchatmen. Wir sind jetzt gerüstet, zu analysieren, was nach Kenneth Arnolds Sichtung passiert. Denn schon kurz nach Erscheinen des Artikels, am 26. Juni 1947, gehen die ersten Berichte von Menschen ein, die genau dieselbe Flugformation gesehen haben wollen, die auch Arnold aus seinem Flugzeug erspäht hat. Da wäre zum Beispiel ein Tischler aus Kansas City namens W. I. Davenport, der glaubt, neun Scheiben gesehen zu haben, während er am vorherigen Mittwoch auf einem Dach arbeitete. Ebenfalls am 26. Juni meldete der Fotograf E. H. Sprinkle aus Eugene, Oregon, dass er in den Wochen zuvor versucht hatte, ein Foto von einer Formation aus neun hellen Objekten aufzunehmen. Beide haben Daylight Discs gesehen, allerdings keine haptischen Beweise.

Danach explodiert die Zahl der Sichtungen: junge Mütter, Zahnärzte, Bahnarbeiter. Alle wollen plötzlich Ufos gesehen haben. Und das nicht nur im Nordwesten des Landes, sondern in den gesamten USA. Innerhalb nur weniger Tage eskaliert die Ufo-Hysterie so stark, dass sich Alfred Kalberer, ein Analyst bei der US Air Force, am 1. Juli an die Presse wendet. Zusammen mit dem Astronom Oscar E. Monnig stellt er klar: »Es gibt keine Invasion durch tellerähnliche Fluggeräte vom Mars.« Auch betont Monnig damals schon, dass die psychologische Komponente der Sichtungen nicht unterschätzt werden dürfe. Als er das erste Mal von Arnolds Entdeckung gelesen habe, hätte Monnig mit einem Kollegen gescherzt: »Wart nur ab, jetzt öffnen sich die Schleusen, und jeder will diese Dinger gesehen haben.«

Die US-Regierung nimmt den Ufo-Craze in der ersten Woche noch auf die leichte Schulter. Es ist eine Sommerlochstory, wie sie jedes Jahr passiert. Vom Excitement-Faktor her etwa so, als hätten Problembär Bruno und das Moorhuhn-Fieber ein Kind bekommen.

Der »Summer of the Flying Saucer« hat eine nahezu perfekte Dramaturgie. Wir haben mit Kenneth Arnold einen gut aussehenden Helden im Zentrum, der sehr glaubwürdig wirkt. Er erfüllt alle Klischees des All-American-Heroes: Footballstar, Geschäftsmann, Pilot – ein Mann mit Format, um es mal großväterlich zu sagen. So jemand würde doch keine Ufos erfinden oder von grünen oder grauen Männchen träumen. In einer patriarchalen Gesellschaft wie den USA Ende der 1940er-Jahre ist er der perfekte Zeuge, der mit wissenschaftlicher Genauigkeit versucht herauszufinden, was er gesehen hat.

Was in der Dramaturgie jetzt jedoch noch fehlt, sind weitere Zeugen aus einer ähnlichen Liga. Denn wie die Pressekonferenz von Monnig schon andeutet: Ufos sind ein Witz.

Ufos, die von Müttern, Tischlern und Zahnärzten gesehen werden, sind ja das eine … Aber wenn Piloten Flugobjekte sehen, dann hören alle zu. Und gerade als die Sichtungen ausfransen, beliebig werden, wird dem »Summer of the Flying Saucer« eine zweite Sichtung geschenkt, die für alle damals Beteiligten hochgradig glaubwürdig wirkt. Es ist die Geschichte des Flugs 105.

Am 4. Juli 1947, also dem amerikanischen Unabhängigkeitstag, macht sich eine kleine Propellermaschine auf den Weg von Boise, Idaho, nach Pendleton, Oregon. Pendleton, wir erinnern uns, ist der Ort, an dem Kenneth Arnold gelandet ist und sein erstes Zeitungsinterview gab. Entsprechend macht die Crew, bestehend aus zwei Piloten und einer Stewardess, bei Abflug noch Scherze über eine mögliche Sichtung. Man könne ja nach Ufos Ausschau halten, sagt der Tower am Flughafen in Boise. Und siehe da: Die beiden Piloten sehen tatsächlich mehrere Ufos. »Vier oder fünf … somethings«, gibt Pilot Emil J. Smith später zu Protokoll. Sie wären an der Unterseite glatt und auf der Oberseite rau gewesen und mit einem großen Schub weggeflogen. Auch die Stewardess Marty Morrow hätte die Flugobjekte beobachtet, während die acht Passagiere nichts mitbekommen haben. Die Flugobjekte wären genau vor der Propellermaschine gewesen und von den Seitenfenstern nicht zu sehen gewesen.

Es fällt uns aus heutiger Sicht etwas schwer, die Geschichte vom Flug 105 nicht mit stark hochgezogenen Augenbrauen zu lesen. Zwei Piloten, die bei Abflug noch Witze über Ufos machen, sehen zufälligerweise genau das, worüber sich die Zeitungen seit einer Woche überschlagen. Das Konzept der »selbst erfüllenden Prophezeiung« ist damals noch nicht einmal bekannt – das wird nämlich erst 1948 aufgestellt. Auch haben wir heute in der Psychologie von falschen Erinnerungen gehört, die zum Beispiel Elizabeth Loftus erforscht. Ihre Forschung zeigt, dass Erinnerungen durch externe Faktoren beeinflusst werden können und dass es zudem möglich ist, falsche Erinnerungen zu implantieren. Wie genau Ufo-Sichtungen erklärt werden können und welche Rolle unsere Psyche dabei spielt, darum geht es später noch genauer.

Im Jahr 1947 waren die Reaktionen aber noch nicht so zynisch wie die unsrigen. Der Vertrauensvorschuss, der der Crew zuteilwurde, ist aus heutiger Sicht unvorstellbar. In einer der ersten wissenschaftlichen Arbeiten in der Geschichte des Ufos, lustigerweise eine Masterarbeit des Journalistenschülers Emil Wennergren, der im Jahr 1948 die mediale Aufarbeitung der fliegenden Untertassen analysiert, spüren wir, welche Bedeutung Flug 105 hatte: »Die ganze Angelegenheit klang erst mal nach einem Witz, aber die Geschichte von Captain Smith und seiner Mannschaft, wie nur wenige andere Berichte, deutete auf eine tiefere, authentischere Bedeutung unter der Oberfläche des landesweiten Gelächters hin. Das waren Berichten zufolge ernstzunehmende Männer, die von dem, was sie gesehen haben, tief schockiert waren.«

Captain Emil J. Smith sagt später sogar: »Ich habe den Geschichten über Flugscheiben selbst nicht geglaubt, als ich zum ersten Mal davon hörte. Jetzt weiß ich nicht, woran ich glauben soll.« Knapp einen Monat später, am 29. Juli, widerfährt einer anderen Crew auf derselben Strecke übrigens dasselbe. Auch sie sieht Ufos auf Flug 105 von Boise nach Pendleton.

Kenneth Arnold fühlt sich von Flug 105 bestätigt. Er fliegt sogar mit der Crew noch einmal die Strecke ab, vergleicht Notizen und freut sich, dass mit Captain Smith ein Veteran der Fliegerei dasselbe gesehen hat wie er.

Aber das größte Geschenk für Arnold kommt eine Woche später. Denn die Crew von Flug 105 wird vom FBI verhört. Die US-Regierung nimmt die Ufo-Sichtungen also nicht mehr auf die leichte Schulter. Allerdings hat das nicht nur mit den Ereignissen von Flug 105 zu tun, sondern auch mit dem, was in diesem Sommer in einem kleinen Städtchen namens Roswell passiert.

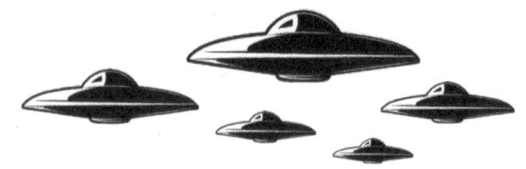

KAPITEL 3

ROSWELL IST AUCH NUR EINE KLEINSTADT

Ganz ehrlich: Wenn sich Aliens wirklich Roswell für ihre Ufo-Crashlandung ausgesucht haben, hätten sie es kaum langweiliger treffen können. Denn eigentlich ist Roswell ein typisches amerikanisches Städtchen. 50 000 Einwohner, zwei Highschools, zwei große Hauptverkehrsadern, zwei McDonald's. Roswell liegt im Südosten New Mexicos und ist umgeben von sehr viel Nichts: Carlsbad, die nächstgelegene Kleinstadt, ist satte 120 Kilometer entfernt. Die Städte, in die man wirklich will, El Paso und Albuquerque, sind sogar knapp 300 Kilometer weit weg. Ein deutsches Äquivalent wäre vielleicht Weiden in der Oberpfalz – auch eine Stadt, die eher eine regionale Bedeutung hat als eine nationale. Der Satz »Schatz, ich habe einen neuen Job, ich verdiene sechsstellig, habe einen Dienstwagen und das Beste: Der Job ist in Weiden in der Oberpfalz« wurde vermutlich noch nie gesagt.

Aber trotzdem ist Roswell … anders. Das sieht man, ist man heute zu Besuch, schon am Stadtwappen: »Roswell – All

America City« steht dort in goldenen Buchstaben. Darüber eine Landschaft mit einem kleinen Forst, einem Fluss und einem grasenden Büffel. Doch über allem schwebt ein riesiges grünes Alien, das mit einem fetten Grinsen auf Roswell blickt. In der Hand hält es eine leuchtende Scheibe, die Licht auf das Panorama wirft.

Nicht nur das Wappen zeigt: Roswell hat sich heute – mehr als 75 Jahre nach dem Crash – mit seiner Rolle im Zentrum der Ufo-Bewegung abgefunden. Es gibt ein internationales Ufo-Museum, das örtliche Baseballteam trägt den Namen »Roswell Invaders« und in Anlehnung an die kleinen grünen Männchen knallgrüne Uniformen. Ach, und einer der beiden McDonald's hat es in die Reiseführer geschafft als »der einzige Ufo-förmige McDonald's der Welt«. Roswell hat sich in die Popkultur eingeschrieben wie kein anderer Ort der Welt. Roswell ist wichtiger als Graceland, wichtiger als Woodstock und wichtiger als der Walk of Fame. Der vermeintliche Ufo-Crash von Roswell hat Außerirdische in den Mainstream katapultiert und nicht nur die Science-Fiction verändert. Bis heute steht der Name Roswell pars pro toto für unsere Faszination, wenn es um alles Außerirdische geht.

Und das liegt vor allen Dingen an dem großen Fragezeichen, das bis heute über den Geschehnissen schwebt. Selbst Barack Obama wird während seiner Amtszeit immer wieder nach Roswell gefragt. 2015 sagt er darauf in einem Interview mit dem Podcaster Bill Simmons: »Ich muss dir sagen, es ist ein wenig enttäuschend. Leute fragen mich immer wieder nach Roswell, Aliens und Ufos, und es stellt sich heraus, dass die Sachen, die topsecret sind, nicht annähernd so aufregend sind, wie man erwartet. In dieser Zeit ist es nicht so topsecret, wie man denkt.«

Aber der Reihe nach, was ist denn eigentlich passiert? Am 8. Juli 1947 gibt der Information Officer des ansässigen Stützpunkts der US-Armee folgende Mitteilung an die Presse:

»Die vielen Gerüchte um die Flugscheibe haben sich gestern bewahrheitet, als das Nachrichtenbüro der 509. Bomben-Gruppe der 8. Luftwaffe, Roswell Army Air Field, durch die Zusammenarbeit eines örtlichen Ranchers und des Sheriffbüros von Chaves County in den Besitz einer Scheibe gelangte. Das fliegende Objekt landete irgendwann letzte Woche auf einer Ranch in der Nähe von Roswell. Da keine Telefonverbindung vorhanden war, lagerte der Rancher die Scheibe, bis er das Sheriffbüro kontaktieren konnte, das wiederum Major Jesse A. Marcel vom Nachrichtenbüro der 509. Bomben-Gruppe informierte. Sofort wurden Maßnahmen ergriffen, und die Scheibe wurde im Haus des Ranchers abgeholt. Sie wurde auf dem Roswell Army Air Field untersucht und anschließend von Major Marcel an höhere Hauptquartiere verliehen.«

Diese Nachrichtenmeldung lässt bis heute die Herzen aller Ufo-Gläubigen weltweit höherschlagen. In ihren Augen ist das ein ganz klarer Beweis – ein Armeeoffizier gibt in einem Pressestatement zu, dass eine Flugscheibe abgestürzt ist und vom Militär einkassiert wurde. Nur ist diese erstaunliche Meldung nicht die einzige Aussage des Militärs am 8. Juli 1947. Am Nachmittag wird ein Reporter der Zeitung *Star-Telegram* aus Fort Worth zum Brigadegeneral Roger M. Ramey eingeladen. Als er in dessen Büro tritt, liegen quer auf dem Boden verstreut Trümmerteile der vermeintlichen Flugscheibe: jede Menge Alufolie, Stöcke, Drähte und Teile eines

Radarsystems. Auf den Fotos, die die Zeitung von diesem Moment macht, wirkt Brigadegeneral Roger M. Ramey gelöst. Er präsentiert der Presse eine ganz einfache Lösung für das Gerücht der abgestürzten Flugscheibe: Das Ufo ist kein Raumschiff aus einer fernen Galaxie, sondern ein simpler Wetterballon.

Diese Theorie scheint damals sehr schlüssig. Ballons gehören seit Ewigkeiten zum Besteck der Geheimdienste, gerade in den USA. Im amerikanischen Bürgerkrieg wurden sie von den Nordstaaten eingesetzt, um die Truppenbewegungen der Konföderierten zu überwachen. Das war übrigens weniger erfolgreich, als man sich jetzt ausmalen darf: Die Ballons waren schwer manövrierbar und drifteten auch schon mal über die feindlichen Linien, wo dann versucht wurde, sie abzuschießen. Der Kalte Krieg – ein Begriff, der, wie zuvor erwähnt, im Jahr 1947 überhaupt erst erfunden wird – sorgt für eine ganze Menge an Ballonfahrten, egal ob zu wissenschaftlichen oder zu militärischen Zwecken. Da wäre zunächst das »Project Skyhook« der Amerikaner. Ab Ende der 40er-Jahre versuchten Wissenschaftler, Ballons in immer größere Höhen zu entlassen, um astronomische und meteorologische Daten zu sammeln. In geringer Höhe sieht so ein Skyhook-Ballon übrigens etwas merkwürdig aus, wie ein Luftballon, der nicht aufgeblasen wurde – denn das Gas dehnt sich erst aus, wenn unsere Atmosphäre nicht mehr auf den Ballon drückt. Warum das wichtig ist? Die Skyhook-Ballons werden aufgrund ihrer sonderlichen Form immer wieder für Ufos gehalten. Die USA nutzen Ballons aber nicht nur für Forschungszwecke, sondern auch für die Spionage. Im »Project Moby Dick« werden in den Anfangsjahren des

Kalten Krieges Ballons, bewaffnet mit Spionagekameras, in Richtung Sowjetunion ausgesendet.

Dann ist da noch das Ballonprojekt, das die Grundlage für »Skyhook« und »Moby Dick« bietet; und das im Sommer 1947 über einer Farm nahe Roswell, New Mexico, einen Ballon verliert: »Project Mogul«. Dieses Topsecret-Projekt sollte zwischen 1947 und 1949 Ballons in die Stratosphäre schicken, die mit hochsensiblen Sensoren ausgestattet sind. Diese Sensoren waren so kalibriert, dass sie über lange Strecken die Schallwellen von Atombomben-Explosionen wahrnehmen sollten. Damit das klappt, müssen die Ballons eine festgelegte Höhe konstant halten können, keine Selbstverständlichkeit in der Geschichte der Ballonfahrt und ein absoluter Durchbruch für »Project Mogul«. Was dafür spricht, dass der »Wetterballon« über Roswell ein Mogul-Absturz ist? Am 4. Juni 1947 startet Moguls »Flight No. 4« in Alamogordo, New Mexico. Rund 200 Kilometer von Roswell entfernt. Zehn Tage später findet der Farmer Mack Brazel die ersten Trümmer auf Teilen seiner Ranch und denkt sich nicht viel dabei. Brazel beschreibt die Trümmer in der Zeitung wie folgt: »Ein großes Maß an Tesafilm und etwas Klebeband mit Blumenmuster wurden bei der Konstruktion verwendet.« Na wenn das nicht nach interstellarem Raumschiff mit Warp-Antrieb klingt. Brazel lässt – wieso auch immer – die Trümmer erst mal liegen. Erst während der Feierlichkeiten am 4. Juli geht er gemeinsam mit seiner Familie über die Ranch und sammelt die Teile auf.

Sie finden Gummistreifen, Papier, Stöcke und Alufolie. Nachdem Mack Brazel einige Stücke des merkwürdigen Materials auf seiner Ranch gesammelt hat, zeigt er sie in der Wade's Bar und im Corona General Store in New Mexico herum und fragt nach Rat, wen er kontaktieren sollte, um das Material aufzuräumen. In Wade's Bar meint schließlich jemand zu ihm: »Hey, hast du nicht mitbekommen, was los ist? Seit Wochen sehen Leute ständig irgendwelche Flugscheiben am Himmel, du solltest das dem Sheriff melden.« Mack Brazel, dessen Farm noch nicht mal einen Telefonanschluss hat, hat von all dem nichts mitbekommen. Also macht er sich auf den Weg zu Sheriff George Wilcox im 75 Meilen entfernten Roswell, um den Fund zu melden. Der Sheriff rät dem Farmer, es doch mal an zwei Orten zu probieren: 1. der Air Force Base und 2. dem lokalen Radiosender, weil seine Story einfach so gut ist. Eine Theorie, was jetzt passiert, lautet so: Der überforderte Information Officer Walter Haut, der auf dem Airfield Dienst hat, wird am 8. Juli damit beauftragt, die Bürgerinnen und Bürger von Roswell zu beruhigen. Denn Mack Brazel, der seinen Ufo-Schrott in der Kneipe und im Supermarkt rumzeigt, hat für ganz schön Aufruhr gesorgt. Also soll Walter Haut zum lokalen Radiosender fahren und dort sagen, was passiert ist. Er gibt das Statement ab, das wir eben schon gelesen haben: Nahe Roswell ist ein Ufo abgestürzt, wir haben die Trümmer geborgen. Ein Mann, der sich mutig vor einen Autounfall stellt und zur gaffenden Menge sagt: Macht euch keine Sorgen, hier gibt es nichts zu sehen. Walter Haut fährt wieder in die Militärbasis und kehrt dann drei Stunden später noch einmal zum Radiosender zurück. Dieses Mal hat er ein neues Statement dabei: »Sorry, doch keine Flugscheibe. Ist ein harmloser Wetterballon. Sorry, sorry … Ich find den Weg zur Tür allein, ja? Ciao, sorry.« Und exakt diese Diskrepanz steht im Zentrum der Roswell-Verschwörung. Jetzt, wo wir aber wissen, dass es nur 200 Kilometer weiter ein supergeheimes Ballon-Projekt der Vereinigten Staaten gab … Noch dazu ein Projekt, von dem die Sowjetunion bitte nicht herausfinden soll, dass man versucht, ihre Bombentests abzuhören … Könnte es da nicht gut sein, dass die USA versuchen, das Beste aus einer verfahrenen Situation zu machen? Sie geben zu, dass es sich bei dem Projekt um einen Wetterballon handelt, aber erzählen nicht, dass sie ihn so aufgepimpt haben, dass er bis nach Russland horchen kann? Wenn wir Ockhams Rasiermesser anlegen, also jenes Werkzeug aus der Wissenschaftstheorie, das besagt, dass die Theorie, die mit den wenigsten Annahmen daherkommt, diejenige ist, die am ehesten stimmt, dann liegt nahe, dass der Roswell-Absturz wirklich jener verunglückte »Flight No. 4« ist, der am 4. Juni 1947 startet und nie wiederkommt. Case closed. Oder?

Erst als Farce, dann noch mal als Farce

Der Case ist natürlich nicht closed. Denn ab hier verlassen wir das Reich der Fakten und begeben uns in das der Fantasie. Wir werden sehen, wie genau die Geschichte die simple Faktenbasis (Farmer findet Trümmer; Militäroffizieller sagt, es wäre eine Flugscheibe; dessen Vorgesetzte bestreiten alles und präsentieren Wetterballon-Theorie) verlässt. Wie die Fakten abgeschliffen, die Erinnerungen Marmelade werden und die Verschwörungstheorien aus dem Boden sprießen wie schlechte Witze in diesem Buch.

Seit dem Roswell-Vorfall sind nun mehr als 70 Jahre vergangen. Aber die Mechanismen konspirativen Denkens, der vermuteten Vertuschung und der Hysterie, die erkennt man am klarsten, wenn man einmal kurz in die Gegenwart springt. Im letzten Kapitel haben wir schon ausgeführt, dass die medialen Mechanismen, nach denen Ufo-Sichtungen ablaufen, immer dieselben sind. Und auch der Absturz nahe Roswell wird sich 76 Jahre später an einem anderen Ort ganz ähnlich wiederholen.

Am 1. Februar 2023 sorgt ein Wetterballon für ernsthafte Spannungen zwischen den Vereinigten Staaten von Amerika und China. Der Ballon, der am 28. Januar zum ersten Mal von amerikanischen Nachrichtendiensten erfasst und seitdem beobachtet wurde, hat eine lange Reise hinter sich. Von China über Japan fand er seinen Weg nach Alaska und Kanada, bis er schließlich am 1. Februar auf Social Media landet. Die ersten Videos, die aus der Stadt Billings, Montana, stammen, sehen manchen Ufo-Videos tatsächlich sehr ähnlich: Plötzlich ist da mitten am Tag ein neuer, heller Fixpunkt am Himmel zu erkennen. Der Ballon fliegt zwar in einer Höhe von circa 18 Kilometern, aber er ist riesig: 20 Stockwerke etwa umfasst allein das Grundgerüst des Ballons, die Messinstrumente samt Solarpaneelen sind auch noch einmal 25 Meter lang. Das Gewicht wird auf mehrere 1000 Pfund geschätzt. Ein paar Tage und ein wenig internationale Aufregung um den »Chinese Spy Balloon« später gibt Präsident Biden den Befehl zum Abschuss. Aus Angst vor herabfallenden Trümmern wollte dieser abwarten, bis der Ballon an der Ostküste angekommen ist. Die Trümmer landen vor der Küste South Carolinas und werden von der Navy geborgen.

Nach der kurzen Aufregung um den Spionage-Ballon ist jedoch etwas Bemerkenswertes passiert. Etwas, das schon 1947 – im »Summer of the Flying Saucer« – passiert ist: Damals wurden plötzlich *überall* fliegende Untertassen gesehen. Und auch im Winter 2023 ist die Zahl der Ballon-Sichtungen gestiegen, im »Winter of the Spy Balloon«. Das ist keine offizielle Bezeichnung, sondern lediglich ein catchy Titel, den wir beide groß rausbringen wollen. Kurz nach dem Abschuss des Spionage-Ballons holt das US-Militär noch weitere Flugobjekte vom Himmel. Zum Beispiel am 11. Februar 2023, als zwei Jets vom Typ F-22 einen Metallballon in Größe eines Kleinwagens abschießen. Nach den Abschüssen reagiert das Internet, wie es immer reagiert: Es rastet komplett aus. Ufo-Gläubige sehen sich bestätigt, wilde Tweets und Spekulationen werden rausgeballert. Und auch die öffentliche Reaktion der Streitkräfte lässt zu wünschen übrig. Am 13. Februar antwortet der hochrangige General Glen D. VanHerck auf die Frage, ob Außerirdische hinter den abgeschossenen Flugobjekten stecken könnten: »Ich überlasse es den Geheimdiensten und der Spionageabwehr, das herauszufinden. Ich habe zum jetzigen Zeitpunkt noch nichts ausgeschlossen.« Ein Satz, der eine ohnehin schon entfachte Ufo-Szene nur noch weiter anheizt. Und der dafür sorgt, dass wiederum das Weiße Haus offiziell Stellung zu der Alien-Theorie nehmen muss. Die Sprecherin des Weißen Hauses, Karine Jean-Pierre, sagt vor der Presse: »Ich weiß, dass es Fragen und Bedenken zu diesem Thema gab, aber es gibt keine – ich wiederhole: keine – Anzeichen von Außerirdischen oder außerirdischer Aktivität bei diesen jüngsten Abschüssen.«

Eine der wichtigsten Antworten auf die Frage, warum Menschen an Verschwörungstheorien glauben, ist, dass uns diese die aufregendere Geschichte erzählen. Sagen Sie selbst, was klingt besser? Geschichte 1: Aliens kreisen in ihren Raumschiffen über amerikanischen Mischwäldern und werden von herkömmlichen F-22-Jägern abgeschossen. Oder Geschichte 2: Eine Gruppe von Wetterballon- und Amateurfunk-Nerds namens »Northern Illinois Bottlecap Balloon Brigade« hat für 15 Dollar die Bauteile für einen Ballon gekauft, ein Amateurfunkgerät eingebaut und diesen im Oktober 2022 nahe Chicago losgelassen. Am 13. Februar 2023 war dieser Ballon mit dem Namen K9YO-15 dann an der amerikanisch-kanadischen Grenze aufgestiegen, genau dort, wo das Ufo gesichtet wurde. Und zeitgleich zum Abschuss des Ufos verlieren die Funker jeglichen Kontakt mit ihrem Ballon.

Und auch wenn wir ein sehr großes Herz für Amateurfunker und Wetterballon-Nerds haben und es toll fänden, wenn es kein Wetterballon wäre. Aber Ockhams Rasiermesser führt uns hier leider zu den Nerds, nicht zu den Außerirdischen.

Case closed. Oder?

Die Horst-Fuchs-Version von Roswell

Eben haben wir die relativ nüchterne Geschichte der Geschehnisse in Roswell gehört. Sie umfasst die Dinge, die wir wirklich wissen. Die objektiv nachprüfbar sind. In der Öffentlichkeit hat sich jedoch eine viel schillerndere Version der Ereignisse durchgesetzt. Eine Version, die unsere Fantasie anspornt, uns mit dem Unglaublichen konfrontiert. Viele Details dieser Version widersprechen den Aussagen der Beteiligten aus dem Jahr 1947. Überhaupt widersprechen sich viele Details, sodass diese Version der Ereignisse manchmal klingt, als würde sie unser betrunkener Onkel nach dem fünften Bier erzählen. Daten werden wild getauscht, Aussagen aus dritter Hand weitergetratscht, Details erfunden.

Wir wollen der Absurdität der widersprüchlichen Aussagen Gerechtigkeit tun, indem wir für einen kurzen Moment in die Persona unseres betrunkenen Onkels springen. Und ihm zu Ehren nennen wir sie die »Horst-Fuchs-Version« der Ereignisse in Roswell.

»Ok ... Wir schreiben das Jahr 1947. Es ist Nacht in Roswell. Irgendwann Anfang Juli. So genau weiß ich das nicht mehr. Da ist diese Ranch. Die Foster-Ranch, auf der ein Typ namens Mack Brazel arbeitet. Mitten in der Nacht wird der von einem lauten Knall geweckt. Hunde bellen, Kühe muhen, ein scharfer Wind lässt das Windspiel tanzen.«

Unser Onkel Horst Fuchs pfeift einmal laut durch die Zähne. Trinkt einen Schluck, um seine Kehle zu befeuchten.

»Weißt du ... Wär das Ufo irgendwo anders aufgeschlagen, ganze Hundertschaften wären jetzt schon ausgerückt. Aber hier ... Irgendwo in der Wüste New Mexicos? Mack Brazel hört in die Nacht. Die Tiere beruhigen sich langsam wieder. Vermutlich hat mal wieder eine Klapperschlange eine Kuh gebissen. Darum wird er sich morgen kümmern müssen. Mack schließt die Augen und ist sofort wieder eingeschlafen.«

Wir lauschen gebannt.

»Der nächste Morgen. Welcher Tag das ist, weiß ich nicht. Entweder der 2. oder 5. Juli. Ein Tiefbauingenieur namens Barney Barnett hat einen Job in der Wüste. Ob er wirklich

Barney heißt, weiß ich nicht. Ich hab auch nie selbst mit dem sprechen können, sondern Barney hat die Story in den 50er-Jahren einem befreundeten Ehepaar erzählt. Vern und Jean Maltais. Und die wiederum haben dann Ende der 70er die Story von Barney weitererzählt. Jetzt nerv mich nicht mit Nachfragen, sondern hör zu: Barney ist 1947 also auf der Baustelle. Plötzlich sieht er was glitzern am Horizont und fährt hin. Und da sieht er eine Flugscheibe, die gecrashed ist. Überall liegt Zeug rum, merkwürdige Metalle, die aussehen, als wären sie nicht von dieser Welt. Sieben bis acht Meter Durchmesser hat die Flugscheibe angeblich gehabt. Das Ding sieht aus wie eine glänzende Muschel. Aber Barney ist nicht allein – denn an dem Ufo steht schon eine Gruppe von Studenten. Es sind Archäologiestudenten von der Universität ... Woher genau die kommen? Keine Ahnung, von irgendeiner Uni von der Ostküste. Barney weiß es nicht mehr.«

Wir googeln, während unser Onkel diese Story erzählt. Keine Universität der USA hatte zu der damaligen Zeit eine Studentengruppe auf Exkursion in dieser Gegend.

»Ok. Barney sieht also diese Gruppe, schaut verwirrt umher, und dann merkt er, dass die was anstarren. Er geht ein bisschen näher ran. Und dann kriegt er den Schock seines Lebens: Aus der Flugscheibe hängen tote Körper raus. Barney beschreibt die Körper später so: ›Sie waren wie Menschen, aber sie waren keine Menschen. Die Köpfe waren rund, die Augen waren klein, und sie hatten keine Haare. Die Augen waren seltsam angeordnet. Sie waren nach unseren Maßstäben ziemlich klein, und ihre Köpfe waren im Verhältnis zu ihren Körpern größer als unsere.‹

Ich weiß, was du sagen willst. Kleine Augen? Aliens haben riesige Augen. Aber Barney hat das so der Maltais-Familie erzählt, die das dann 30 Jahre später dem Ufo-Forscher William Moore erzählt haben, der das dann so aufgeschrieben hat, als wär das alles genau so passiert. Spannendes Buch.«

Zu William Moore haben wir im nächsten Kapitel noch jede Menge zu sagen. Er ist in eine der verrücktesten Ufo-Geschichten, die wir jemals gehört haben, involviert.

»Jedenfalls … Die Studenten und Barney stehen da um dieses Ufo rum. Und dann kommt auch schon das Militär.

Ein Truck fährt vor. Ein einzelner Soldat steigt aus und schickt alle weg. Und natürlich sagt er deutlich: Wehe, ihr erzählt irgendjemandem von dem Ufo und den Aliens. Das ist alles Geheimsache hier.

Barney ist aber nicht der Einzige, der was gesehen hat. Da ist nämlich noch Frank Kaufmann. Der hat im Juli 1947 Dienst im Roswell Airfield und weiß, was mit dem Ufo passiert ist. Denn der sagt, dass die 509. Bomberdivision das Ufo abschleppt und die Leichen birgt. Auch Frank spricht von drei bis fünf humanoiden Wesen, jetzt mit großen Köpfen und großen Augen. Die wurden dann auf der Basis in Leichensäcke gepackt und in kleinen Holzsärgen beerdigt.

So. Und jetzt kommt der Hammer: Denn von irgendwo müssen die Särge ja herkommen. Da gibt es diesen Typen namens Glenn Dennis, der in einem Bestattungsinstitut arbeitet. Eines Tages ruft ihn jemand von der nahe gelegenen Roswell Air Force Base an und fragt nach dem kleinsten hermetisch versiegelten Sarg, den sie zur Verfügung stellen können. Später ruft derselbe Typ noch mal an und fragt, wie man Körper vorbereitet, die lange Zeit in der Wüste gelegen haben. Dennis bietet an, zu helfen, aber ihm wird gesagt, dass das nicht notwendig ist. Kurz darauf muss er jedoch tatsächlich einen verletzten Soldaten zur Basis bringen und parkt seinen Krankenwagen neben einem anderen Krankenwagen, in dem er Trümmer sieht, die wie ein lilafarbener, ein Meter langer, kanuförmiger Edelstahl aussehen. Er sieht auch merkwürdige Schriftzeichen auf dem Material, die an ägyptische Hieroglyphen erinnern. Eine Krankenschwester, die er kennt, warnt ihn davor, weiterzuschauen, und sagt ihm, er solle verschwinden, bevor er in Schwierigkeiten gerät. Dann wird er von der Basis eskortiert und gewarnt, dass er die Klappe halten muss. Später trifft er sich mit der Krankenschwester wieder, die ihm von einer Autopsie erzählt, bei der sie und die Ärzte drei vierfüßige, haarlose Wesen mit riesigen Köpfen und Augen untersucht haben, die angeblich nicht von dieser Welt stammen. Der Geruch und Anblick der Körper war so widerlich, dass sie sich fast erbrochen hätten.«

Auch hier verrät weitere schnelle Online-Recherche, dass die vermeintliche Krankenschwester nie gefunden wurde. »Naomi Self«, so soll Dennis' Bekannte geheißen haben. Der Name taucht in keinem einzigen Dokument auf. Eine der vielen, sagen wir mal, »Merkwürdigkeiten« dieser Geschichte.

»Diese ganze Story kommt erst in den 90ern ans Licht. Weil Glenn einfach so lange wartet, bis die Luft rein ist. Sheriff Wilcox warnt Dennis nämlich damals schon, dass die Armee ihn und seine Familie ausspioniert. Wie gut, dass Dennis gewartet hat, bis er fast 70 Jahre alt ist, um diese Story zu erzählen. Außerdem hat er dann gleich auch das Ufo-Museum in Roswell gegründet.

Ok. Ich seh dir an, dass du noch nicht überzeugt bist. Aber ich hab noch einen Kicker. Eine Pointe, bei der du gleich vom Stuhl fällst. Erinnerst du dich noch an Walter Haut? Der Typ, der sich am 8. Juli 1947 vor die Presse gestellt hat und meinte: ›Ja, Leute, die Gerüchte sind wahr: Wir haben eine fliegende Untertasse geborgen.‹ Der wurde dann ja von seinen Chefs zurückgepfiffen.

Und tja … Später hat er dann seine Meinung geändert. Denn in den 90ern gehört Walter Haut mit Glenn Dennis zu den Mitgründern des Ufo-Museums in Roswell. Und der Knaller: Walter Haut hat eine eidesstattliche Erklärung abgegeben, die erst nach seinem Tod veröffentlicht werden soll. Und da drin hat er gesagt, dass die zweite Pressemitteilung gefälscht war, um die Wahrheit der ersten Mitteilung zu vertuschen.

So … Und jetzt kommst du.«

I want to believe

Man konnte es zwar schon zwischen den Zeilen herauslesen … Wir glauben beide nicht an die Alien-Theorie in Roswell. Auch wenn wir als alte Alien-Fans – der eine im echten Glauben, der andere als Popkulturkonsument – uns natürlich wünschen würden, dass im Jahr 1947 wirklich ein Ufo abgestürzt ist. Wir die Frage, ob wir allein im Universum sind, also endlich ein für allemal klären können. Wie toll wäre das! Ufo-Sichtungen sind ja meistens eher von schlechter Qualität: krisselige Bilder, verwackelte Videos, Zooms, bei denen so stark vergrößert wird, dass man gar nicht mehr weiß, was man überhaupt erkennen soll.

Aber so ein echter Ufo-Crash, ein Ufo zum Anfassen, das wäre natürlich ein Knüller. Wenn wir uns allerdings an den Sagan-Standard halten wollen (Sie erinnern sich, außergewöhnliche Behauptungen benötigen auch außergewöhnliche Beweise), dann müssen wir leider ganz genau hinschauen. Und zum Glück gibt es überall auf der Welt Ufo-Forscher, die ihren Job (oder ihr Hobby) sehr ernst nehmen und mit der Gründlichkeit von Inspector Columbo die Aussagen zu Roswell überprüfen.

In genauer Detailarbeit werden Zeugenaussagen verworfen, weil Daten nicht stimmen. Glenn Dennis, Frank Kaufmann und Barney Barnett sind alle längst debunked, also widerlegt. Schauen wir wirklich genau hin, dann bleibt nur ein Mythos. Eine der großen Fragen, die Ufo-Forscher lange beschäftigt hat, war die Zeit. 1947 soll also ein Ufo in der Wüste abgestürzt sein. Ok. Aber Menschen wie eben Glenn Dennis, Frank Kaufmann oder Barney Barnett sehen Alien-Leichen, sprechen aber erst Ende der 70er wieder drüber? Was ist in den 30 Jahren dazwischen passiert? Der Roswell-Zwischenfall war über Jahrzehnte vergessen. Auch die Uniformen der Roswell Invaders, die Ufo-Silhouette des Roswell-McDonald's und das Alien-Wappen der Stadt – sie alle entstehen erst in den 70er-Jahren. Warum?

Um auf die Suche nach einer Antwort auf diese Frage zu gehen, müssen wir ein wenig ausholen. Aus dem Jahr 1947 gibt es keine ernsthaften schriftlichen Berichte, dass Aliens mit ihrem Ufo in Roswell abgestürzt sind. Alles, was wir haben, ist die erste Pressemitteilung von Walter Haut. Alle anderen Elemente der Geschichte – Alien-Leichen, Militärtrucks, Alien-Särge – kamen erst Ende der 70er und in den 80ern dazu.

Überhaupt hat damals noch keiner von einem Crash einer fliegenden Untertasse gehört – irgendwo. Die erste publizierte Story von einem Ufo-Crash mit Alien-Besuch stammt aus dem Jahr 1948. Erfunden wurde sie von den beiden Betrügern Silas M. Newton und Leo A. Gebauer. Diese haben versucht, ein vermeintliches Wundergerät namens »Doodlebug« im Südwesten der USA zu verticken. Ein Doodlebug soll angeblich wild ausschlagen, wenn man über einem Gold-, Öl- oder Erdgasvorkommen steht. Ein Traum für viele Farmer in New Mexico, Texas und Nevada, die nichts haben außer viel Land und große Träume. Trotzdem verkauft sich der Doodlebug nicht. Also denken sich die beiden Gauner eine Geschichte aus: Ihr Gerät funktioniert garantiert, denn es basiert auf geheimer Alien-Technologie.

Die Lüge macht so richtig die Runde, als der Journalist Frank Scully sie im Jahr 1949 für das landesweit vertriebene Magazin *Variety* aufschreibt. 1950 macht er dann ein sensationalistisches Buch mit dem Titel »Behind the Flying Saucers« aus seinen Recherchen, das eine Menge Aufmerksamkeit erregt. Die Geschichte von Newton und Gebauer ist deshalb so spannend für uns, weil hier zum ersten Mal die Grenze zwischen Fakt und Fiktion überschritten wird. Die menschliche Faszination mit Ufos – eine Faszination, der wir später ein ganzes Kapitel widmen werden – sorgt schon 1948 dafür, dass einer guten Story mehr Glauben geschenkt wird als gesicherten Fakten.

Nicht umsonst hängt bei Fox Mulder aus »Akte X« ein Poster mit den Worten »I want to believe« an der Wand. »Ich will glauben« und nicht: »Warten wir mit dem Glauben mal ab, bis die Bodenproben der Absturzstelle aus dem Labor zurückkommen.«

Die Geschichte, die Scully (Frank Scully, der Journalist, nicht Dana Scully von »Akte X«) aus der Lüge von Newton und Gebauer macht, klingt schon Ende der 40er äußerst abenteuerlich: In Aztec, New Mexico, stürzt ein Ufo ab. 16 Alien-Leichen seien vom Militär abtransportiert worden. Die Ufos kämen von der Venus. Das Militär versucht den Fall zu vertuschen, um keine Panik auszulösen. Trotzdem wird Scullys Buch ein absoluter Bestseller und trägt dazu bei, dass sich über Jahre der Ufo-Mythos in der amerikanischen Bevölkerung festtritt. Auch wenn viele Rezensenten damals nicht begeistert sind von Scullys Arbeit – »nimmt man wissenschaftliche Genauigkeit als Maßstab, ist Scullys Buch schlechter als so mancher Comic«. Autsch. Ein paar Jahre später dann der Schlag in die Magengrube für den Absturz in Aztec: Der Journalist J. P. Cahn macht die Arbeit, die Scully eigentlich hätte machen sollen, und schaut sich die Aussagen der beiden Betrüger genauer an. Außerdem lässt er das geheime Alien-Metall in einem Labor testen und siehe da: stinknormales Aluminium. 1953 erscheint Cahns Artikel, der den Betrug auffliegen lässt. Zahlreiche Opfer melden sich zu Wort, Newton und Gebauer werden angeklagt und wegen Betruges verurteilt.

Das Lustige an der Geschichte ist aber: Obwohl hier glasklar ein Betrug vorliegt, wird der Geschichte des Aztec-Absturzes von manchen in der Ufo-Szene immer noch Glauben geschenkt. In den 70ern fangen die ersten Hobby-Ufologen an, die Story auszugraben, und stecken alles unter den Mantel einer großen Verschwörung. Die Zeiten haben sich verändert – während die amerikanische Bevölkerung in den 40ern und 50ern noch großes Vertrauen in die eigene Regierung hatte, wurden die Menschen in den 60ern und 70ern zusehends zynisch. Der Vietnamkrieg, die Pentagon Papers, die Watergate-Affäre – das Vertrauensvakuum in die Regierung lässt plötzlich Raum für Ideen, die bis dato abwegig erschienen. Was, wenn an den alten Ufo-Storys doch was dran ist?

Gegen eine gute Geschichte kommt die Wahrheit eben nicht an. Der vermeintliche Aztec-Absturz hat aber auch für Roswell große Auswirkungen: Denn Frank Scullys Buch verkauft sich wirklich wie geschnitten Brot. Viele Details, die in den 70ern und 80ern in den Zeugenaussagen von Roswell auftauchen, finden sich auch in Scullys Buch. Die Vermutung liegt nahe, dass hier die Inspiration für viele Teilstränge der Geschichte liegt: das Finden der Leichen, der Abtransport durch das Militär, die besondere Härte des Alien-Metalls. Auch Scullys Story hat die Popkultur immens beeinflusst. Filme wie »The Thing From Another World« (1951), »Invaders from Mars« (1953) oder »It Came from Outer Space« (1953) greifen die Absturzgeschichte auf und bauen das Fundament für eine neue Ufo-Kultur in Kino und Fernsehen.

All das passiert in den 30 Jahren zwischen dem Roswell-Zwischenfall und den neuen Zeugenaussagen aus den 70er-Jahren. Außerdem sind Science-Fiction-Erzählungen Ende der 70er plötzlich wieder der heiße Scheiß. 1977 kommen sowohl »Star Wars« als auch »Unheimliche Begegnung der Dritten Art« in die Kinos. Regisseure, die als Kinder in den 50ern mit offenen Mündern vor dem Fernseher gesessen und sich abenteuerliche Ufo-Geschichten angeschaut haben, sind jetzt erwachsene Männer. Und machen zwei der erfolgreichsten Kinofilme des Jahrzehnts. Das ist also das kulturelle Umfeld, in dem die Ufo-Geschichten rund um Roswell entstehen; in dem die abenteuerlichen Erzählungen von Barney Barnett, Frank Kaufmann und Glenn Dennis in den 1970ern erneut auf der Bildfläche auftauchen.

In Roswell wird genau wie in Hollywood auch eine Geschichte erzählt. Eine Geschichte, die die Stadt zwar nicht reich, aber berühmt gemacht hat. Das Ufo-Museum ist hier das beste Beispiel: Gegründet von Walter Haut und Glenn Dennis dient es dazu, einen Mythos aufrechtzuerhalten, den sie selbst – unsere Anwälte raten uns, hier das Wort »vermutlich« einzubauen – in die Welt gesetzt haben. Die abgestürzten Aliens sind für Roswell eine Marketing-Opportunity. So wie Armin Laschet einmal meinte, NRW sei das Land der Küchenbauer, so ist Roswell eben die Stadt der Ufos. Das Museum zieht eine Menge Leute an, es gibt Conventions, Kostüme und abends einen Burger im Ufo-McDonald's.

Wie gesagt, mit spannenden Geschichten lässt sich jede Menge Geld verdienen. Die Faszination für Ufos öffnet nicht nur unsere Herzen, sondern auch unsere Brieftaschen. Und manchmal verschließt sie auch das Hirn für das Wesentliche. Nirgendwo spürt man das deutlicher als bei der nächsten Story. Denn nun betritt noch jemand die Bühne, der der Ufologie mehr schaden als nützen wird. William Moore.

KAPITEL 4

NICHTS IST, WIE ES SCHEINT

Die Manzano-Berge sind eine malerische Bergkette im Südwesten von Albuquerque im US-amerikanischen Bundesstaat
New Mexico. Hirsche, Bären, Kojoten und Falken tummeln
sich hier. Außerdem durchzieht ein verschlungenes Netz
von Wanderwegen und Mountainbikerouten dieses Paradies
für Naturliebhaber. Lange Zeit beherbergen die pittoresken
Berge angeblich einen beträchtlichen Teil des US-Atom-
waffenarsenals. Und dann ist da noch die Kirtland Air Force
Base, die sich in unmittelbarer Nähe befindet.

In den 50er-Jahren zieht Paul Bennewitz in diese Gegend.
Bennewitz gilt als brillanter Physiker und ist außerdem ein
erfolgreicher Unternehmer. Seine Firma trägt den rotzcoolen
Namen »Thunder Scientific« und hat 30 Angestellte. »Thun-
der Scientific« arbeitet für die NASA und die Air Force. Das
Unternehmen entwickelt zum Beispiel Temperaturmessge-
räte und Kompasse, und da macht es durchaus Sinn, seine
Zelte in der Nähe einer US-Militärbasis aufzuschlagen.
Bennewitz selbst lebt mit seiner Frau und seinen Kindern in

einem hübschen Haus. Von seiner Terrasse aus hat er einen wunderbaren Blick auf die Manzano-Berge und den Luftwaffenstützpunkt. Im Vorgarten steckt eine US-Fahne.

Bennewitz ist ein leidenschaftlicher Pilot, sogar geprüfter Kunstflieger. Verspiegelte Pilotenbrille, Bomberjacke, selbstbewusstes Pilotenlächeln: Eines der wenigen Fotos, die man von ihm im Netz findet, zeigt einen rothaarigen Mann, der aussieht, als würde er in »Top Gun« am Strand mit Tom Cruise Volleyball spielen. Bennewitz zupft außerdem gern an seiner Gitarre, und abends, wenn die Sonne hinter den malerischen Berggipfeln verschwindet, sitzt er auf seiner Terrasse, entspannt sich vom stressigen Alltag bei »Thunder Scientific« und betrachtet den Himmel.

Manchmal beobachtet er dabei merkwürdige Lichter. Bennewitz zückt dann sofort seine Kamera und macht Bilder davon. Es wird Sie nicht überraschen, dass der damals Anfang 50-Jährige ein echter Nerd und Technik-Tüftler ist. Der Physiker besitzt, mittlerweile sind die 70er-Jahre angebrochen, einen Heimcomputer, schreibt sogar eigene Software – und kennt sich hervorragend mit Funktechnik aus. Immer wieder empfängt er seltsame Funksignale auf einer Frequenz, die eigentlich von niemandem benutzt wird. Immer öfter fragt Paul Bennewitz sich: Was sind das bloß für Lichter? Und was sind das für Funksprüche?

Um zu verstehen, was jetzt passiert, muss man sich klarmachen, in welcher Zeit wir uns befinden, nämlich im Post-Nixon-Amerika. Die Watergate-Affäre hat das Vertrauen der Bevölkerung in die Regierung erschüttert, aber der Skandal führt zugleich zu einer neuen Kultur der Transparenz. Das bis dahin zahnlose Informationsfreiheitsgesetz wird reformiert, Bürger, Journalisten und Wissenschaftler können nun einfacher Einblick nehmen in einstmals geheime Akten. In diesem Klima gründet sich 1977 die Gruppierung »Citizens Against Ufo Secrecy« (CAUS). Geleitet wird sie von Peter Gersten, einem Anwalt, der durch gezielte Klagen die Wahrheit hinter den Ufo-Sichtungen herausfinden will. Gersten wird in seinem Leben noch einige ziemlich dumme Ideen haben, zum Beispiel ist er im Jahr 2012 davon überzeugt, dass sich an einer steilen Bergwand in Arizona ein kosmisches Portal auftun wird, und wenn er nur im richtigen Moment vom Berg springt, landet er in einer anderen Galaxie. Tut er dann übrigens doch nicht, aber das ist jetzt nicht von Belang. Eine der weniger dummen Ideen von Peter Gersten: den Staat wegen Ufos verklagen. Seine Organisation CAUS formuliert vier zentrale Glaubenssätze.

Erstens: Die CAUS glaubt, dass die Menschheit bereits mit Außerirdischen in Kontakt steht.

Zweitens: Was diesen Kontakt angeht, ist die CAUS gegen jede Form von Geheimniskrämerei.

Drittens: Die CAUS glaubt, dass die Menschen jedes Recht haben, über diesen Kontakt Bescheid zu wissen.

Viertens: Die CAUS ist der Ansicht, dass die Wahrheit nur durch ein Gerichtsverfahren ans Licht kommen und die Geheimhaltung beendet werden kann.

Kurz nach ihrer Gründung verklagt die CAUS die National Security Agency NSA, die Nationale Sicherheitsbehörde also – und gewinnt. Der Geheimdienst muss über 900 Dokumente herausgeben. Kurz gesagt: Die 70er sind ein Jahrzehnt, in dem die US-Gesellschaft ganz wuschig wird bei dem Gedanken, dass irgendwo in verstaubten Regierungsarchiven noch geheime Ufo-Akten liegen könnten. Auch das Ufo-Thema selbst hat Hochkonjunktur in allen Schichten der Gesellschaft. Ende der 70er-Jahre befassen sich erstmals die Vereinten Nationen mit dem Ufo-Phänomen, 1977 findet außerdem der erste internationale Ufo-Kongress statt, auf dem unter anderem der bereits erwähnte Astronom J. Allen Hynek spricht, der Astronom mit der Skala.

In den 70ern verbinden sich also zwei Dinge, die für uns heute zusammengehören wie zwei Frischverlobte: der Glaube an Ufos auf der einen Seite und der an Verschwörungen auf der anderen. Es gibt damals eine Menge Gerede über Ufos, Außerirdische und geheime Regierungsakten, hinzu kommt ein anschwellendes popkulturelles Hintergrundrauschen. Ein Freund von Bennewitz wird später sagen, dass der Physiker ein großer Fan von 50er-Jahre-Horror-Filmen wie »Invaders From Mars« oder »Invasion of the Body Snatchers« war.

Vielleicht ist es deswegen irgendwie verständlich, dass Bennewitz, als er die merkwürdigen Lichter am Himmel sieht und die seltsamen Funksprüche empfängt, auch irgendwann an Ufos denkt. Was, wenn da fliegende Untertassen unterwegs sind? Na ja, wahrscheinlich ja eher nicht, aber wer weiß? Man sollte keine Hypothese ausschließen! Und vor allem sollte man als guter Patriot gleich mal der Air Force Bescheid sagen! Und so macht sich Bennewitz auf zum nahe gelegenen Büro der amerikanischen Luftstreitkräfte und hält dort einen kleinen Vortrag über seine Entdeckungen. Dann trifft er auf Richard Doty.

Doty, Schnurrbart, Brille, sieht auf Videos aus wie ein typischer, aber gar nicht mal unsympathischer Beamter. Doch der Eindruck täuscht. Doty ist ein abgebrühter Militärgeheimdienstler und arbeitet damals beim »Air Force Office of Special Investigations«, kurz AFOSI. Paul Bennewitz erzählt Richard Doty von seinen Beobachtungen von den Lichtern am Himmel, von den Funksprüchen. Er hat alles sauber und penibel dokumentiert.

Und hier könnte diese Geschichte nun enden. Doty könnte Bennewitz sanft die Hand auf die Schulter legen und so etwas sagen wie: »Hey, Paul, alles gut. Die Lichter, die du am Himmel siehst, das sind Stealth-Flugzeuge oder Drohnen, du weißt schon: streng geheimes Zeug, an dem wir hier arbeiten. Topsecret! Und die Botschaften auf deinem Funkgerät, das sind verschlüsselte Funksprüche von uns, der Air Force. Geh nach Hause, spiel ein bisschen auf deiner Gitarre, mach ein bisschen Chillivanilly und hau dich aufs Ohr. Und ganz wichtig: zu niemandem ein Wort!«

Denn das ist es, was auf der Kirtland Air Force Base wirklich passiert. Doch die Geschichte endet hier nicht. Die Geschichte geht hier erst richtig los. Denn Doty sagt nichts von alledem. Stattdessen tut Doty so, als sei er von den Recherchen Bennewitz' total beeindruckt, und bestärkt ihn sogar in dem Glauben, der Hobby-Alien-Jäger könnte hier einer richtig großen Sache auf der Spur sein. Mit ein paar Agenten schaut Doty sich bei Bennewitz zu Haus um, inspiziert das Videomaterial und bittet ihn, weiter nach Aliens zu suchen. Schließlich könnten Bennewitz' Beobachtungen ja wirklich etwas mit Aliens zu tun haben. Na ja, wahrscheinlich ja eher nicht, aber wer weiß? Man sollte keine Hypothese ausschließen! Die Air Force stellt Bennewitz finanzielle Mittel zur Verfügung und spendiert irgendwann sogar einen Computer, der dem frischgebackenen Ufo-Jäger dabei helfen soll, die merkwürdigen Funksignale zu dechiffrieren.

»Frauen der Erde«

Anstatt das Jahresbudget für »Thunder Scientific« zu berechnen oder die Impedanz in elektronischen Systemen für irgendwelche Air-Force-Sensoren, benutzt Bennewitz seinen neuen Computer nun, um außerirdische Signale einzufangen und zu entziffern. Ganz ähnlich wie die britischen Agenten im Zweiten Weltkrieg, die den deutschen Enigma-Code knacken, konzentriert sich Bennewitz auf häufig vorkommende Worte wie »und« und »der« und kombiniert sie mit anderen Worten wie »Ufo«, »Alien«, »Raumschiff« und »Entführung«. Später sagt er, dass er mithilfe eines Hexadezimalcodes direkten Kontakt mit den Aliens hergestellt habe. Okay, ganz ehrlich: Wir haben keine Ahnung, was Bennewitz da genau gemacht hat. Aber es scheint irgendwie zu funktionieren.

Die Nachrichten werden immer klarer, die Mitteilungen aus dem All allerdings auch immer unheimlicher, ja geradezu bedrohlich. Die unbekannten Funkpartner sprechen davon, dass das Wasser knapp werde und »Frauen der Erde« gebraucht würden. Es ist Rede von misslungenen Verjüngungsexperimenten, von gecrashten Untertassen und davon, dass »unsere Rasse auf ihrem Heimatplaneten stirbt«. Bennewitz ist nach Wochen des Hörfunklauschens davon überzeugt, dass Außerirdische wirklich die Erde angreifen wollen. Er informiert Doty und nimmt zudem Kontakt auf zu William »Bill« L. Moore – *dem* Star in der Ufo-Szene – und damit zur dritten wichtigen Person in dieser Dreiecksbeziehung Bennewitz-Doty-Moore. Moore, ein ehemaliger Highschool-Lehrer, veröffentlicht 1980 zusammen mit Charles Berlitz das Buch »The Roswell Incident«. Darin wird von dem angeblichen Crash einer fliegenden Untertasse im Juli 1947 in Roswell berichtet, die Wrackteile und Habseligkeiten der Außerirdischen seien damals vom Militär beiseitegeschafft worden. Das Buch wird ein gewaltiger Erfolg und haucht dem Roswell-Mythos neues Leben ein.

Bill Moore und Paul Bennewitz verstehen sich von Anfang an hervorragend und vertrauen einander. Moore weiht seinen neuen Ufo-Kumpel in allerlei Ufo-Geheimnisse ein und spielt ihm irgendwann ein brisantes Dokument zu. Auf 22 Seiten geht es um das »Project Aquarius«, ein geheimes Regierungsprogramm zur Erforschung von außerirdischem Leben und Ufos. Es ist die Rede davon, dass das »Project Blue Book«, das offizielle Ufo-Untersuchungsprogramm der US Air Force aus den 50ern, nur den Zweck gehabt habe, die öffentliche Aufmerksamkeit von geheimer Ufo-Technologie wegzulocken. Und dann wird das erste Mal überhaupt auch kurz Majestic 12 erwähnt, kurz: MJ-12, dieses geheime Gremium von Regierungs- und Militäroffiziellen, das 1947 nach dem angeblichen Absturz des Ufos in Roswell gebildet worden sein soll. Das ist zu diesem Zeitpunkt ein Teaser, ein kleines Amuse-Gueule. Denn der MJ-12-Mythos wird nur wenige Jahre später mit neuen Dokumenten so richtig aufgepumpt.

Paul Bennewitz weiß nun also, dass die Regierung weiß, dass es Außerirdische gibt. Und er weiß, dass diese Außerirdischen nichts Gutes im Schilde führen, was aber wiederum die Regierung nicht weiß. Und der Einzige, der diese Informationslücke schließen kann, ist er selbst, Paul Bennewitz. Er kommuniziert mittlerweile fast täglich mit den Aliens. Er weiß sogar, wie sie aussehen, nämlich genau so, wie man sich, insbesondere seit Steven Spielbergs »Unheimliche Begegnung der Dritten Art« Außerirdische vorstellt, nämlich grau und mit großen Augen. Manche allerdings sehen auch so aus wie wir Menschen, nur schöner.

Paul Bennewitz stürzt sich nun endgültig in die Ufo-Forschung. Er vernachlässigt seine Familie und auch »Thunder Scientific«, aber klar: Es geht hier schließlich um nichts weniger als die Rettung der Menschheit! Und die Indizien sind ja auch erdrückend. Als der Hobbypilot in der Nähe der Siedlung Dulce in den Lüften schwebt und aus dem Flugzeugfenster schaut, erblickt er Türme, Schächte und sogar Flugzeuge, die er noch nie zuvor gesehen hat. Sichtbare Hinweise, wie er glaubt, auf eine unterirdische militärische Geheimbasis.

Bennewitz beginnt nun an »Project Beta« zu arbeiten, einer Materialsammlung, in der er all die Erkenntnisse zusammenfasst, die er in den letzten Monaten gewonnen hat. An dieser Stelle müssen wir kurz festhalten, dass Paul Bennewitz ein Talent für richtig coole Namen hat: »Thunder Scientific«, »Project Beta« – Namen, die einem nur einfallen, wenn man in Bomberjacke und Pilotenbrille für Fotos posiert.

»Project Beta« ist ein fiebriges, detailverliebtes Dokument und eines, das in gewisser Weise auch eine Tragödie dokumentiert. Auf 25 Seiten schildert Bennewitz, was er herausgefunden hat. Die Aliens wollen über die Erde herrschen und haben bereits 300 000 Amerikaner entführt und ihnen

Kameras und Mikrofone implantiert – konservativ geschätzt. Die Aliens seien außerdem in der Lage, Menschen falsche Erinnerungen in ihre Köpfe einzupflanzen und sie sogar mehr oder weniger fernzusteuern. Außerdem würden in der Dulce Base unter dem Berg Mount Archuleta in der Wüste New Mexicos furchtbare Gen-Experimente durchgeführt. Er beschreibt auch die Energiewaffen der Aliens, erklärt zugleich aber auch, wie wir die Ufos vom Himmel ballern können. Mit unseren eigenen Energiewaffen, die aber mehr Reichweite haben als die der Aliens. Die gute Nachricht: »Thunder Scientific« hat bereits zwei Prototypen gebaut.

Zwei Jahre arbeitet Bennewitz an seinem Opus magnum, das er dann an unter anderem zwei US-Senatoren, US-Präsident Ronald Reagan und an die »Aerial Phenomena Research Organization« (APRO) schickt. Als Antwort erhält Bennewitz jedes Mal ein Standardschreiben, in dem steht, dass »Project Blue Book« bereits beendet wurde und man aufgehört hat, Ufo-Vorkommnisse zu untersuchen. Doch Bennewitz weiß, dass das nicht stimmen kann. Schließlich hat er mit eigenen Augen die Dokumente gesehen, in denen von »Project Aquarius« die Rede war. Die US-Regierung weiß von Außerirdischen. Und Paul Bennewitz weiß jetzt, dass die US-Regierung lügt.

Irgendwann beginnt Bill Moore sich langsam ernsthafte Sorgen um seinen Freund zu machen. Und auch der Air-Force-Agent Richard Doty hat Bennewitz über die Zeit ins Herz geschlossen und wird von seinem Gewissen geplagt, das sagt er zumindest Jahre später. Ist er vielleicht zu weit gegangen? Hätte er Bennewitz den ganzen Ufo-Kram nicht besser ausreden sollen?

Bennewitz scheint mittlerweile ernsthaft erkrankt zu sein

und unter paranoiden Wahnvorstellungen zu leiden. Er lässt schwere Schlösser an den Türen anbringen, fühlt sich beobachtet, versteckt im ganzen Haus Messer. Der einstmals erfolgreiche Unternehmer verliert an Gewicht, wirkt gebrechlich, raucht Kette und behauptet, Aliens würden ihm nachts Gift in die Adern spritzen. Bennewitz' Familie ist zunehmend verzweifelt, bittet ihn inständig, zur Vernunft zu kommen, die ganze Alien-Forschungsausrüstung zu zerstören und sich endlich wieder um seine Firma zu kümmern. Doch Bennewitz zieht sich immer mehr zurück, lebt in Angst, verbarrikadiert sich und türmt schwere Sandsäcke vor Türen und Fenstern auf.

Im August 1988, Bennewitz ist mittlerweile 61 Jahre alt, verdächtigt er seine Frau, von Aliens kontrolliert zu werden. »Thunder Scientific« wird da schon längst von seinen Söhnen geleitet. Irgendwann wird Bennewitz in die Psychiatrie eingeliefert. Als Richard Doty seinen Freund besucht, erkennt der ihn gar nicht mehr. Paul Bennewitz, ein Mann, für den die letzten 25 Jahre seines Lebens die absolute Hölle gewesen sein müssen, stirbt 2003 im Alter von 75 Jahren, von seinen Ängsten und Wahnvorstellungen zerfressen.

Wir wissen nicht, ob Paul Bennewitz bereits psychisch erkrankt war, als er Richard Doty von seinen Entdeckungen berichtet hat. Dass der Air-Force-Geheimdienst den exzentrischen Physiker in seinen Ansichten bestärkt hat, dürfte vermutlich aber wenig hilfreich gewesen sein. Doch das wirklich Tragische ist, dass vieles von dem, was Paul Bennewitz erlebt hat, wirklich so passiert ist. Die Alien-Funksprüche gab es wirklich. Die unterirdische Basis in Dulce gab es wirklich. Sogar die Ufos gab es wirklich. Und: Paul Bennewitz wurde wirklich beobachtet. Denn der Air-Force-Geheimdienst hatte eine Art Truman-Show inszeniert – und damit Paul Bennewitz vermutlich erst krank gemacht.

Vertraue niemandem

Dass Regierungen Geheimnisse haben, das ist, nun ja, kein Geheimnis. Und gerade das US-Militär ist manchmal in etwa so intransparent wie eine ausgesprochen intransparente Nebelbank, vor allem dann, wenn es um hochmoderne Technologien geht. Und man sich in einem Kalten Krieg befindet. »Im Kriege ist die Wahrheit so kostbar, dass sie immer von einer Leibwache von Lügen umgeben sein sollte«, meinte einmal Winston Churchill. Im Fall von Paul Bennewitz aber haben die Leibwächter einen gewaltigen Schaden angerichtet.

Ziel einer Desinformationskampagne ist es, absichtlich falsche oder irreführende Informationen zu verbreiten, um die Wahrnehmung der Konsumenten dieser Informationen zu manipulieren. Wie leicht man Menschen an der Nase herumführen kann, sogar clevere und abgebrühte Piloten, zeigt eine Episode aus der Frühzeit der Düsenjets. 1942 testet die US-Armee die Bell XP-59A, das erste amerikanische Strahlflugzeug. Bis dahin gibt es nur Propellermaschinen, und dass ein Flugzeug einfach so ohne Propeller durch die Luft fliegt, das wirkt damals in etwa so unglaublich, als würde heute eine Herde Einhörner durch die Innenstadt von Uelzen galoppieren. Die Testpiloten bringen deswegen Propellerattrappen an ihre propellerlosen Maschinen an und bekommen für ihre Testflüge ein eigenes Flugareal zugewiesen, aber irgendwie

spricht es sich halt doch herum, dass da merkwürdige Flugzeuge am Himmel fliegen, die eine merkwürdige Rauchwolke
hinter sich ziehen (immerhin kommt damals niemand auf die
Idee, das könnten Chemtrails sein). Bald sind die unidentifizierten Flugobjekte Thema in den Pilotenbars rund um die
Edwards Air Force Base im Antelope Valley, Kalifornien. Wie
also das Geheimnis schützen? Der Testpilot für Düsenjets,
Jack Woolams, hat eine schlaue Idee: Er bestellt sich eine
Gorillamaske und schraubt den ollen Pseudopropeller von
seiner Bell XP-59A wieder ab. Beim nächsten Mal fliegt er
extra nah an eine andere Maschine und zeigt dem verdutzten
Piloten, wer dieses seltsame propellerlose Flugzeug steuert:
ein Menschenaffe! Der höchst irritierte Pilot betrinkt sich
daraufhin in der nächsten Kneipe und lallt seine Kollegen
mit Geschichten von Gorillas in propellerlosen Flugzeugen
voll. Woolams Kollegen wiederum besorgen sich nach diesem
Erfolg auch Gorillakostüme, und so werden in den nächsten Monaten dauernd Gorillas hinter dem Steuerknüppel
von propellerlosen Maschinen gesichtet. Über hochmoderne
Düsenjets redet nun keiner mehr. Und generell behalten die
Piloten das, was sie da oben sehen, lieber für sich. Man will
ja nicht als bekloppt gelten.

Wir erinnern uns an Ockhams Rasiermesser, im Übrigen
benannt nach dem mittelalterlichen Philosophen und Theo-
logen Wilhelm von Ockham, das besagt, dass die einfachste
Erklärung für rätselhafte Phänomene in der Regel die beste
ist. Manchmal, da ist ein Stuhl eben nur ein Stuhl, manchmal, da ist ein Tisch eben nur ein Tisch, und manchmal, da
sind Gorillas in Düsenjägern eben wirklich nur Gorillas in
Düsenjägern, oder zumindest Menschen, die so tun als ob.
Natürlich lieben auch wir die spektakulären und aufregen-

den Erklärungen für Dinge, die wir uns nicht erklären können. Wir könnten uns kaum etwas Schöneres vorstellen, als von einem Gorilla nach Lloret de Mar zum Sangria-Saufen geflogen zu werden. Aber Ockham würde zurecht darauf hinweisen, dass die einfachste Erklärung dafür, dass Gorillas in einem Flugzeug sitzen, halt nicht unbedingt die ist, dass Gorillas es in der Zwischenzeit gelernt haben, Düsenjäger zu steuern.

Ganz ähnlich ist das im Fall von Paul Bennewitz. Manchmal, da sind außerirdische Funksprüche, unterirdische Basen und Ufos wirklich nur Menschen, die den ganzen Kram inszenieren, damit jemand glaubt, es gäbe außerirdische Funksprüche, unterirdische Basen und Ufos.

Paul Bennewitz sollte abgelenkt werden – und er sollte andere ablenken. Das Kalkül: Besser, dieser exzentrische Wissenschaftler erzählt den Leuten was von Ufos oder merkwürdigen Alien-Funksprüchen, als dass dieser exzentrische Wissenschaftler den Leuten von unserer streng geheimen Militärtechnologie erzählt. Paul Bennewitz hatte sich ja immerhin auf streng geheimen Air-Force-Funkfrequenzen herumgetrieben, und er hatte akribisch die Erprobung von streng geheimen Militärprojekten dokumentiert. Das, was er von seiner Terrasse aus sah, waren vermutlich hochmoderne Tarnkappenjäger oder möglicherweise sogar Drohnen, an denen hier in New Mexiko geforscht wurde. Um die Geheimnisse der Air Force zu schützen, ließ man Paul Bennewitz in dem Glauben, er hätte wirklich Ufos gesehen und würde mit Außerirdischen kommunizieren. Der Computer, den man ihm zum Dechiffrieren der Funksprüche spendiert hatte? Der sorgte dafür, dass Bennewitz die Fake-Nachrichten der

Air Force noch besser entschlüsseln konnte und irgendwann dachte, es stünde eine Alien-Invasion bevor. Die unterirdische Geheimbasis? Die gab es nicht, aber was es gab, waren Attrappen von Türmen, Lüftungsschächten und Ufos. Die Air Force ließ sogar Hubschrauber schwarz lackieren, sodass sie mit ihren Scheinwerfern nachts unheimliche Lichter produzieren. Und die Dokumente, die Bill Moore Bennewitz übergeben hatte? Höchstwahrscheinlich fake. Richard Doty hatte Moore und Bennewitz für seine Desinformationskampagne benutzt. Und das hatte nicht nur Folgen für Paul Bennewitz und seine Familie, sondern für die ganze Ufo-Community.

Richard Doty hat unter anderem in dem Dokumentarfilm »Mirage Men« von 2014 über seine damalige Desinformationskampagne gesprochen. Er wirkt darin wie Goethes Zauberlehrling, der die Kontrolle über seine Schöpfung verloren hat. Doty hat angeblich sogar versucht, Bennewitz die ganze Ufo-Sache wieder auszureden, und ihm gesagt, dass alles nur eine elaborierte Psy-Op war, doch da ist es schon zu spät. Es liegt aber auch durchaus im Bereich des Möglichen, dass Doty einfach nur ein berechnendes Arschloch ist. Auf jeden Fall scheint der Mann viele Talente zu haben, denn nach seiner Zeit bei der Air Force arbeitet Doty zwei Jahre lang als Berater für die TV-Serie »Akte X«. Er tritt außerdem in zwei Folgen als Statist auf und schreibt das Drehbuch für die legendäre Episode »The Blessing Way«. In dieser Premierenfolge der dritten Staffel taucht das erste Mal die Figur des Schamanen Albert Hosteen auf, und der Ufo-Glaube bekommt erstmals religiöse Untertöne. Allerdings gilt offiziell »Akte X«-Erfinder Chris Carter als Drehbuchschreiber der Episode.

Zurück zu Paul Bennewitz. Wenn man mal das persönliche Drama beiseitelässt, muss man einräumen, dass Dotys Desinformationskampagne spektakulär erfolgreich war. Nicht nur wurde sehr viel mehr über Ufos getuschelt als über geheime Militärprojekte, es gelang dem Air-Force-Geheimdienst auch, die Ufo-Community zu spalten, zu verwirren und letztlich auch zu schwächen. Und das war ganz im Sinne der Regierung. Denn die Ufo-Community kann den Behörden ziemlich auf die Nerven gehen mit ihren Informationsfreiheitsanfragen, ihrem Geschwurbel und ihrem durch nichts zu stillenden Bedürfnis, auf Biegen und Brechen und auch mithilfe von Gerichtsprozessen sündteure Geheimprojekte des Militärs an das grelle Licht der Öffentlichkeit zerren zu wollen.

Und so ist es nur logisch, dass die US-Regierung die Ufo-Szene lange Zeit misstrauisch beäugt hat. Das Bild, das uns beispielsweise »Akte X« vermittelt hat, nämlich dass die Regierung schon Jagd auf Leute macht, die nur ein »I want to believe«-Poster im Hobbykeller hängen haben, ist so falsch nicht.

Fliegende Untertassen und rote Angst

Als in den späten 1940er- und frühen 1950er-Jahren die Ufo-Sichtungen zunehmen, ist die US-Regierung besorgt. Es ist die Zeit des Kalten Krieges, der Systemkonfrontation, eine Zeit der Paranoia, die Zeit, in der McCarthy seine berüchtigten Hexenjagden auf vermeintliche Kommunisten veranstaltet und sich die »rote Angst« durch die amerikanische

Gesellschaft frisst. In dieser Periode der Anspannung sind Ufo-Sichtungen besonders beunruhigend und führen zu vielfältigen Spekulationen über deren Ursprünge und mögliche Bedrohungen. Was, wenn wir im Dauerrauschen der Ufo-Sichtungen echte sowjetische Spionage-Aktionen verpassen? Was, wenn wir wertvolle Ressourcen darauf verschwenden, fliegenden Untertassen nachzujagen, obwohl wir uns doch eigentlich vor Kommunisten-Aliens hüten sollten? Und was, wenn diese ganzen Ufo-Meldungen in Wirklichkeit vom roten Planeten stammen, also dem weit im Osten hier auf der Erde? Könnte es nicht sein, dass der KGB uns mit inszenierten Ufo-Meldungen zuspammt und dazu die Ufo-Community instrumentalisiert? Da hat man es mit einem Systemkonkurrenten zu tun, einer Nuklearmacht, und dann fällt irgendwelchen Spinnern an der Heimatfront nichts Besseres ein, als dauernd Fehlalarm auszulösen, weil sie die Venus oder einen Wetterballon nicht von einer fliegenden Untertasse unterscheiden können! Und dann ist da ja auch noch die Ideologie dieser Gruppen. Manche von ihnen vertreten kommunistische Ideale. Der ein oder andere Ufologe betrachtet die Menschheit gar als Spezies, die angesichts der kosmischen Herausforderungen zusammenrücken muss, anstatt sich wegen irgendeines Quatschs zu zerstreiten, wie, sagen wir einfach mal, der Frage, in welcher Wirtschaftsform wir leben wollen. Diese Eiapopeia-»One World«-Hippie-Rhetorik kommt in den 50er-Jahren gar nicht gut an.

Kein Wunder also, dass das Ganze sehr nach einer Gefahr für die nationale Sicherheit riecht, und so setzt die CIA eine Kommission ein. Geleitet wird diese von Howard Percy Robertson, einem angesehenen Physiker und Mathematiker. Die Robertson-Kommission kommt schnell zu dem

Schluss, dass die Ufo-Sichtungen nichts mit Außerirdischen zu tun haben; trotzdem sei das Ganze gefährlich. Eine potenzielle Massenhysterie könnte die Regierungsautorität untergraben, wichtige Kommunikationskanäle könnten mit irgendwelchem Ufo-Kram verstopft werden, und am Ende gewinnen die Feinde Amerikas. Das Gremium empfiehlt deswegen, intellektuell zurückzuschlagen und zwar mit gnadenlosem Debunking. Fluglotsen sollen besser darin ausgebildet werden, ungewöhnliche Objekte am Himmel als das zu erkennen, was sie nach Ansicht der Robertson-Kommission in Wirklichkeit sind, nämlich Wetterballone, Spiegelungen oder Wolken. Schulen, Medien, Prominente – ja sogar der Disney-Konzern – sollen eingespannt werden, um der Ufo-Plage Herr zu werden. Robertson & Co. sind sich sicher: Wenn die Welt erst einmal weiß, dass das am Himmel keine Ufos sind, sondern Wetteranomalien, dann wird das Interesse der Öffentlichkeit rapide zurückgehen. Das sei wie bei einem Zaubertrick, bei dem verraten wird, dass die zersägte Jungfrau in Wirklichkeit eine ganze Menge mit dem Blickwinkel des Publikums und einer Fußattrappe zu tun hat. Sobald klar ist, was hinter der Illusion steckt, wird das Ganze in etwa so faszinierend wirken wie eine graue Wiedervorlagemappe. Doch wie wir schon in unserem letzten Buch geschrieben haben, bringt schnödes Debunking nicht viel, vor allem nicht bei Menschen als Zielgruppe, die wirklich an etwas glauben (wollen). Vermutlich ist das damals auch der Robertson-Kommission klar, denn sie setzt nicht nur auf die Kraft reiner Fakten, sondern auch auf PR. Die Thesen und Theorien der Ufo-Community sollen lächerlich gemacht werden. Außerdem, wir sind hier immer noch in der McCarthy-Ära, sollten Ufo-Gruppen überwacht werden, denn die gelten damals, wie schon erwähnt, als irgendwie subversiv. Der Bericht bleibt zunächst geheim, ebenso die Finanzierung der Kommission durch die CIA. Aber irgendwann kommt alles heraus und bestätigt das, was viele Ufo-Gläubige schon immer geahnt haben: Die Regierung findet uns gefährlich, will uns mundtot machen und durch den Kakao ziehen.

Nicht immer, aber recht oft haben Verschwörungstheorien einen wahren Kern, oder zumindest gibt es ein reales Problem, auf dem sie gedeihen. Es gibt keine Chemtrails, aber Umweltverschmutzung, zu der der Flugverkehr einen erheblichen Teil beiträgt. Bill Gates hat nicht die Corona-Pandemie über die Welt gebracht, aber es kann einen schon nachdenklich stimmen, wie sehr die Weltgesundheitsorganisation von den Spenden seiner Stiftung abhängig ist, weil sich die USA aus der Finanzierung dieser wichtigen Behörde zurückgezogen haben. Natürlich gibt es keine Impf-Verschwörung, und doch hat die Pharmaindustrie immer wieder für Skandale gesorgt. Und nein, es gab und gibt vermutlich kein geheimes Gremium, das sich um das Alien-Problem kümmert. Aber intransparente Institutionen, Hinterzimmer-Deals und Lobby-Einfluss, das alles gibt es durchaus. Und vielleicht ist das der Grund, wieso bis heute Menschen daran glauben, dass MJ-12 existiert. Eine Verschwörungstheorie, an deren Verbreitung Richard Doty mitgewirkt – zumindest war er Teil einer Kampagne, um den Glauben in MJ-12 zu bestärken – und Dokumente »geleakt« hat, die Teile der Story »bestätigen«. Ob es das Ziel war, die Ufo-Community zu erschüttern und Streit zu säen, das wissen wir nicht. Aber wenn, dann hat es hervorragend geklappt.

Wo ist das Benzin?

Lassen Sie uns jetzt kurz innehalten und über etwas ganz anderes reden: unsere Kindheit. Wie wir die wohl verbracht haben, fragen Sie sich? Nun, eine Antwort darauf lautet: Wir haben nach dem Benzin für die Kettensäge gesucht. Wir haben wirklich überall nachgesehen: im Pool, in der Mikrowelle, im Wohnzimmer, ja sogar im streng geheimen Labor im Keller. Wir haben auch die mutierten Riesententakel danach gefragt, aber die konnten oder wollten uns nicht weiterhelfen. So aber war die olle Kettensäge in etwa so nutzlos wie ein Wecker auf dem Friedhof. Trotzdem haben wir das Ding die ganze Zeit mitgeschleppt, immer in der Hoffnung, dass das Benzin doch noch irgendwo auftauchen würde. Die Rede ist hier natürlich von »Maniac Mansion«, einem Computerspiel aus dem Jahr 1987. »Maniac Mansion«, designt von dem legendären Programmierer Ron Gilbert, gilt als Meilenstein des Adventure-Genres. In dem Spiel geht es darum, Sandy, die Freundin von Dave, einem der Helden, aus den Fängen des verrückten Wissenschaftlers Dr. Fred zu befreien, was uns damals natürlich total abgeholt hat. Außerdem war das Spiel vollgepackt mit schwarzem Humor und interessanten Rätseln, und eigentlich könnten wir jetzt noch ein paar Seiten dieses Buches mit Elogen über »Maniac Mansion« weiterschwärmen, aber es geht ja eigentlich um die Kettensäge und das Benzin. Denn die Wahrheit ist: Es gab kein Benzin, und die Kettensäge war komplett überflüssig. Dabei waren wir uns ja so sicher gewesen: Wenn wir in diesem Spiel eine Kettensäge mitnehmen können, dann lässt sich damit bestimmt etwas anfangen. Nur wo, verdammte

Axt, ist das Benzin dafür? Erst als wir mit dem Spiel durch waren, wurde uns klar, dass man uns die ganze Zeit an der Nase herumgeführt hatte. Ron Gilbert hatte für uns einen »red herring« ausgelegt, ein narratives Element, das die Aufmerksamkeit des Publikums oder der Spieler auf eine falsche Spur lenkt oder sie irreführen soll. So etwas eben wie eine Kettensäge in einem Computerspiel, für die es aber gar kein Benzin gibt. So, und was hat das nun mit Ufos zu tun? Nun, eigentlich nicht so viel, außer der Tatsache natürlich, dass eine ganze Menge dafürspricht, dass MJ-12 genauso ein »red herring« ist.

Die doppelte Verschwörung: MJ-12 und die Manipulation der Ufo-Szene

Am 11. Dezember 1984 liegt ein Umschlag mit einem Poststempel aus Albuquerque im Briefkasten eines Bekannten von Bill Moore. Darin eine Rolle 35-Millimeter-Film mit Fotos eines Dokuments, datiert auf den 18. November 1952. Das Dokument wirkt wie ein Bericht des CIA-Direktors für den damaligen US-Präsidenten Dwight D. Eisenhower. In ihm werden diverse Ufo-Vorkommnisse von 1947 bis in die 1950er-Jahre beschrieben, und es wird behauptet, dass Eisenhowers Vorgänger Truman über die Aliens und die Ufos Bescheid wusste. Truman tat demnach das, was jeder von uns im Angesicht einer geheimnisvollen Bedrohung aus dem All getan hätte: Er bildete ein schattenhaftes Komitee und trommelte die »Besten der Besten« zusammen, damit die sich der Sache annehmen. Denn sollte wirklich bekannt werden, dass uns

Außerirdische besuchen, könnte das zum Zusammenbruch der Gesellschaft führen (warum diese Annahme gar nicht mal so falsch ist, erklären wir in Kapitel 6).

Der Empfänger des Briefes informiert Moore. Ursprünglich will der das Dokument geheim halten, aber wie das so ist in der Ufo-Community, spricht sich die Existenz eines Dokuments, das ein geheimes Ufo-Gremium behandelt, dann doch recht schnell rum. 1987 wird MJ-12 zum großen Thema auf einer Ufo-Konferenz. Allerdings ist nicht jeder von der Echtheit der Unterlagen überzeugt. Ein skeptischer Ufo-Forscher namens Philip J. Klass schickt das Dokument einfach mal an das FBI, und die kritzeln in großen Buchstaben das Wort »BOGUS« auf die Titelseite: Schwindel. Kein Wunder: Die Unterschrift von Truman scheint amateurhaft auf die Seite geklebt worden zu sein, außerdem wurde sein Name falsch geschrieben. Der Schrifttyp des Dokuments und die Papierart stimmen nicht mit denen von Regierungsdokumenten in den späten 1940er-und frühen 1950er-Jahren überein. Hinzu kommen diverse Ungereimtheiten, was Datums- und Ortsangaben angeht. So soll etwa die Ranch, auf der sich der Ufo-Vorfall in Roswell ereignet haben soll, 75 Meilen von der Roswell Army Air Base entfernt gewesen sein. In Wirklichkeit sind es aber 62 Meilen Luftlinie und mehr als 100 Meilen per Straße. Kein schlimmer Fehler, allerdings findet er sich genauso in »The Roswell Incident« wieder, dem Bestseller von Bill Moore aus dem Jahr 1980. Möglicherweise hat da also jemand abgeschrieben, als es darum ging, angebliche Geheimdokumente zu fälschen.

Bis heute hält der Streit über die MJ-12-Dokumente innerhalb der amerikanischen Ufo-Szene an. Auch Tom DeLonge, der 2017 die Ufo-Enthüllungen angestoßen hat, ist überzeugt, dass MJ-12 existiert. Ein Teil der Szene will nicht wahr-haben, dass die Regierung zwar lügt, aber ganz anders als gedacht. Und der andere Teil, der schlauere Teil, der ist sich sicher, dass man von Regierungen und Geheimdiensten be-obachtet wird und dass es Versuche gibt, die Ufo-Szene zu infiltrieren und zu verwirren.

Bill Moores letzter Auftritt

Das Ganze eskaliert Ende Juni 1989, auf einer Konferenz des »Mutual Ufo Network« (MUFON) im Aladdin Casino Hotel in Las Vegas. Eigentlich kommen die Leute dort hin, um span-nenden Vorträgen über Ufo-Sichtungen und außerirdische Begegnungen zu lauschen. Doch diesmal bekommen sie etwas zu hören, das niemand gerne hört, schon gar nicht, wenn man Ufo-Forscher ist.

Denn auf dieser Konferenz hält Bill Moore eine bemer-kenswerte zweistündige Rede, die man sich zumindest in Teilen noch auf YouTube ansehen kann. Moore, Vollbart, Sakko, dunkle Sonnenbrille, schüttet seinem Publikum zwei Stunden lang sein Herz aus. »Viele von euch werden es nicht hören wollen, aber es ist trotzdem wahr«, beginnt er seinen Vortrag. Dann erzählt er, wie Richard Doty ihn angeworben hat, um Desinformationen in die Ufo-Gemeinde zu tragen. Er erzählt, wie er mit dem belohnt wurde, was er als guter Ufo-Forscher am meisten begehrt: Informationen, die er später für seine Bücher aufbereiten konnte. Er erzählt, wie er Paul Bennewitz mit Dokumenten versorgt hat, die aller Wahrscheinlichkeit nach plumpe Fälschungen waren. Dass alles eine große Lüge ist und er sich dafür hat einspannen lassen – und dass die Ufo-Szene in diesem Spiel nichts weiter als nützliche Idioten waren.

Manchmal ähneln Verschwörungstheorien Matrjoschka-Puppen. Zerlegt man eine, offenbart sich darin eine weitere, noch absurder anmutende Theorie. Natürlich kann auch die Geschichte um Paul Bennewitz, Richard Doty und Bill Moore selbst Teil einer Desinformationskampagne sein. Vielleicht wurde das Ganze von den Verschwörern in die Welt gesetzt, um abzulenken und zu spalten. Wurde Bill Moore geschmiert, um die Ufo-Szene zu verwirren? Hat Richard Doty gelogen? Wurde die Krankheit von Paul Bennewitz instrumentalisiert? Wurde eine Geschichte drumherumgezimmert, um es so aussehen zu lassen, als wäre der Air-Force-Geheimdienst daran schuld, dass Paul Bennewitz krank geworden ist, nur um es dann wiederum so aussehen zu lassen, als wäre die Ufo-Community eine Gruppe von gutgläubigen Spinnern, und um ganz nebenbei von der Existenz geheimer Alien-Basen und sinistren Geheimgremien abzulenken? Ist das Ganze Desinformations-5-D-Schach und nicht die Ufo-Szene gutgläubig, sondern all diejenigen, die glauben, die Ufo-Szene wäre gutgläubig? Denkbar wäre es, aber auch relativ kompliziert. Die Geschichte ist zudem gut dokumentiert und ziemlich plausibel. Der ikonische »Akte X«-Satz »I want to believe« bekommt zumindest eine tragische Konnotation, wenn man an die Geschichte von Richard Doty, Bill Moore und Paul Bennewitz denkt. Denn es wirkt wirklich so, als würden Teile der Ufo-Gemeinschaft einfach nicht von ihrem Glauben lassen können.

Enttäuschte Hoffnungen

All das erinnert an Dinge, wie wir schon mal woanders gesehen haben. Denn am Ende des Tages ist Ufo-Glaube nichts anderes als genau das: Glaube.

»Unsere schönsten Hoffnungen und Erwartungen waren zerplatzt, und solch ein Geist des Jammerns überkam uns, wie ich es niemals zuvor erlebt habe«, schreibt Hiram Edson im Jahr 1844. Der Adventist hatte damals das Datum für die Rückkehr Christis berechnet, und herausgekommen war der 22. Oktober 1844. Mit seinen Freunden wartete er eine ganze Nacht aufgeregt auf den Messias, doch es passiert: nichts. »Wir weinten und weinten bis zum Morgengrauen«, so Edson weiter über das Ereignis, das auch als »Die große Enttäuschung« in die Religionsgeschichte eingegangen ist.

»Parusieverzögerung«, so nennen Religionswissenschaftler das Phänomen, wenn der Messias einfach nicht kommen mag. Die meisten Gläubigen stecken die Enttäuschung normalerweise recht schnell weg. Auch Edson predigt nach der ausgefallenen Wiederkunft Christi einfach weiter und verkündet, dass der Messias halt noch irgendwas zu erledigen habe, bevor er wieder auf die Erde kommt.

Die Zeugen Jehovas haben den Termin für den Weltuntergang schon mehrmals nach hinten verschieben müssen, und auch im Ufo-Glauben kommt es immer wieder zu peinlichen Fehleinschätzungen. In den 90ern ist sich der Gründer der taiwanesischen God's Salvation Church, Chen Tao, sicher, dass im August 1999 Asien von einer nuklearen Katastrophe heimgesucht werde, dass aber von Gott gesendete Ufos im letzten Moment die Menschheit retten. Es passierte: nichts. Also erklärt Tao, dass es sich um eine Gnadenfrist für all diejenigen handelt, die noch nicht ganz von seiner Ufo-Religion überzeugt seien. Außerdem sei es doch ein Wunder Gottes gewesen, dass so viele Medien über seine Lehren berichtet hätten. Und im März 1965 sagt der bekannte Ufologe George Adamski voraus, dass fliegende Untertassen bald über Washington herfallen werden. Wir haben noch mal alle Archive durchforstet, auf Google Seite 2 besucht und sogar Geschichtsbücher in der Pasinger Stadtbücherei ausgeliehen, aber wir konnten keinen Hinweis darauf finden, dass 1965 Ufos über Washington hereingebrochen sind. Auch hier passierte: nichts.

Es ist schwer, von einem Glauben zu lassen und Überzeugungen zu hinterfragen, in die man bereits viel Zeit und Engagement investiert hat. Wir wollen die Beschäftigung mit Ufos keinesfalls mit bizarren Glaubenssystemen gleichsetzen, aber es verwundert zumindest nicht, dass die Enthüllungen von Bill Moore in der Ufo-Szene heftige Reaktionen auslösen. Die ist damals schon gespalten, und teilweise ist sie es auch heute noch. Da gibt es diejenigen, die mit dem großen Besteck des wissenschaftlich-kritischen Denkens die größte Frage der Menschheit beantworten wollen. Und dann gibt es die anderen, die überall Verschwörungen wittern und finstere Machenschaften. 1989 auf der MUFON-Konferenz wird das besonders deutlich. Parallel zur recht nüchternen Konferenz im Aladdin-Hotel findet auch die Konferenz einer MUFON-Abspaltung statt. Hier geht es um die Gefahr der Kolonisierung des Planeten durch Außerirdische und um eine riesige Verschwörung der Regierung, die den Aliens menschliches Genmaterial im Austausch für fortschrittliche Militärtechnologie überlässt. Diese »Erkenntnisse« werden auf einer eigenen Pressekonferenz verkündet. Moore – der ja auf der Konkurrenzveranstaltung seinen Enthüllungsvortrag hält – ist Teil dieses Schismas, er gehört zu denjenigen, die nüchtern und mit klarem Kopf über Ufos und Aliens nachdenken wollen. Mit seiner Rede hält er der Ufo-Szene also einen Spiegel vor: Schaut her, wie leicht ihr euch manipulieren lasst! Bill Moore wird nie wieder auf einer Konferenz der MUFON sprechen.

Benzin auf dem Mars

Die Beschäftigung mit Ufos ist faszinierend, und ein Teil der Faszination macht aus, dass jeder mitmachen kann. Jeder sieht Dinge am Himmel, jeder kann Bilder analysieren oder vermeintliche Regierungsdokumente lesen. Aus der Psychologie wissen wir, dass man das, was man selbst gebaut hat, eher wertschätzt. IKEA-Effekt nennt man dieses Prinzip aus der Verhaltensökonomik. Nur: Wer einen Hammer in der Hand hält, der sieht eben überall Nägel. Da werden grobkörnige Ansammlungen von Pixeln plötzlich zu Ufos und plump gefälschte Dokumente zum unwiderlegbaren Beweis, dass ein paar Regierungsbürokraten und Wissenschaftler über geheime Ufo-Insights verfügen.

Ein Teil, keinesfalls die Mehrheit, der Ufo-Forscher heimwerkt unbewusst am eigenen Glaubenssystem und entfernt sich von dem, was wir kritisch-rationales Denken nennen. Dieser Teil denkt, dass da draußen irgendwo »die Wahrheit« sein muss. Aber was, wenn »die Wahrheit« ganz woanders ist? Was, wenn es mit »der Wahrheit« ähnlich ist wie mit dem Benzin für die Kettensäge im Computerspiel »Maniac Mansion«?

Nach »Maniac Mansion« designte Ron Gilbert das Adventure »Zak McKracken and the Alien Mindbenders«. Wir schlüpfen darin in die Rolle eines frustrierten Boulevard-Reporters aus San Francisco, der feststellt, dass die Menschen um ihn herum immer dümmer werden. Schuld daran sind Aliens, welche die Telefonleitungen infiltriert haben und die Leute mittels einer bestimmten Herzfrequenz verblöden. Nach vielen Rätseln, Irrungen und Wirrungen stehen wir irgendwann auf dem Mars und finden dort, ja genau, einen Kanister Benzin. »Das gehört in ein anderes Spiel«, lässt uns Zak McKracken wissen. Wir haben das Benzin, das wir in »Maniac Mansion« gesucht haben, also doch noch gefunden, in einem anderen Spiel, auf dem Mars. »Die Wahrheit« ist also manchmal wirklich irgendwo da draußen. Allerdings ist dieses »Draußen« manchmal dort, wo man es am wenigsten vermutet.

KAPITEL 5

DIE MACHT EINER GUTEN GESCHICHTE

Als wir an diesem Punkt der Recherche angekommen sind, spüren wir instinktiv, dass wir noch keinen Schritt weiter sind, unseren Streit zu klären. Christian A., der glaubt, dass da doch was sein muss, kennt jetzt zwar die aktuellen Forschungsergebnisse der Ufo-Kommission, die Christian S. aber wiederum nur lapidar mit »Nichts Genaues weiß man nicht« zusammenfasst. Außerdem haben wir tief in der Geschichte der Ufologie gewühlt, haben uns angesehen, wie die Wellen des Ufo-Glaubens immer wieder aufbrausen und dann verebben. Es ist ein ewiges Auf und Ab, bei dem immer wieder dieselben Argumente ausgetauscht werden. Und hinzu kommen dann noch Geschichten wie die von Bill Moore und Paul Bennewitz, die eine ernsthafte Auseinandersetzung so schwer machen. Denn wenn Ufo-Gläubige (also Christian A.) mit vermeintlichen Zeugenaussagen von Pilotinnen wie Alex Dietrich daherkommen, die bis heute fest davon überzeugt ist, dass das von ihr beobachtete Ufo nicht menschlichen Ursprungs ist, dann kommt

Christian S. an und zieht die lange Geschichte der Desinformation aus der Kiste. Wie soll man so denn bitte weiterkommen?

Nach langem Grübeln – also einer Partie »Mount and Blade: Bannerlord« auf der Playstation – kommt dann die Idee. Um all die sich überkreuzenden, ineinanderlaufenden Geschichten wirklich verstehen und einordnen zu können, müssen wir einen Schritt zurücktreten und generell über unser Verhältnis zu Aliens nachdenken. Denn natürlich haben wir alle Geschichten im Kopf, wenn wir ein Licht am Nachthimmel sehen. Geschichten, wie wir sie aus Filmen wie »Contact« oder »Unheimliche Begegnung der dritten Art« gesehen haben. Oder auf unserem Fernseher in den 90ern, als wir Erich von Däniken und »Akte X« verfolgten.

All unser Denken über Ufos ist bestimmt von Geschichten, die wir mal irgendwo aufgeschnappt haben. Lasst uns also noch einmal wirklich detailliert hinschauen. Wie sehr prägt die Popkultur unser Denken über Aliens? Sind Menschen wie Christian A. schlicht und ergreifend nur popkulturverstrahlt, weil sie zu viel »Akte X« geglotzt haben und einfach *wollen*, dass dort draußen etwas ist? Weil sie darin einen Sinn sehen, sich nicht allein fühlen, Teil eines großen Ganzen sein wollen? Fangen wir mit der größten Geschichte aller Zeiten an. Nein, nicht die Wiederauferstehung Jesu, sondern die Geschichte der Area 51. Der größten Ufo-Verschwörung aller Zeiten (GröUVaZ).

Janet Airlines

Irgendwo im südlichen Nevada befindet sich die Area 51. Und wahrscheinlich haben Sie jetzt schon Bilder im Kopf. Vielleicht von einer fliegenden Untertasse in einem riesigen Hangar. Vielleicht von einer Untertasse, die über dem staubigen Wüstenboden abhebt. Vielleicht aber auch von einem grauen Alien mit großen mandelförmigen Augen, das wie ein toter Aal auf einem OP-Tisch liegt. Vermutlich haben Sie von den Gerüchten gehört, die die Militäranlage umwehen. Davon, dass hier die Überreste des Ufo-Absturzes in Roswell aus dem Jahr 1947 liegen. Davon, dass hier tote oder noch lebende Aliens untersucht werden. Oder davon, dass hier der grobkörnige Film gedreht wurde, mit dem die US-Regierung der Welt vorgegaukelt hat, auf dem Mond gelandet zu sein, was übrigens gar nicht mal so unplausibel ist. Also angenommen, man wollte unbedingt ein Mondlandefakevideo drehen, dann doch am besten in dieser Gegend. Hier, wo die Apollo-11-Crew für ihre Mondmission in den Kratern trainiert hat, die US-Atombombentests in die Wüste von Nevada gesprengt haben. Es gibt auf der Welt nur wenige Orte, die sich besser als Mondkulisse eignen.

Vielleicht haben Sie auch davon gehört, dass die Area 51 gerne mal als Treffpunkt genutzt wird, wenn wichtige Alien-Vertreter etwas mit wichtigen Menschen-Vertretern zu besprechen haben. 1954 soll beispielsweise der damalige US-Präsident Dwight D. Eisenhower während eines Golfurlaubs in Palm Springs mal für 24 Stunden verschwunden sein, wegen eines Zahnproblems, hieß es. Die fragliche Zahnärztin konnte sich an den Besuch des prominenten Pati-

117

enten aber gar nicht erinnern, und so gibt es die Spekulation, Eisenhower wäre kurz zur gut 300 Kilometer entfernten Area 51 gejettet und hätte sich dort mit Aliens getroffen. Die seien Eisenhower etwas »unförmig« vorgekommen, hätten ein neues Bildungsprogramm für die ganze Erde gefordert und ihm auch ihr Ufo gezeigt.

Vielleicht haben Sie auch von Janet gehört, der geheimnisvollsten Fluglinie der Welt. Die Flugzeuge dieser Fluggesellschaft sind meist weiß und haben eine rote Streifenlackierung, jedoch keine Firmenlogos oder andere Identifikationsmerkmale. Die Janet-Maschinen starten von einem geheimen Terminal am internationalen Flughafen von Las Vegas und bringen die gut 1500 Mitarbeiter der Area 51 zur Arbeit. Vielleicht befindet sich ja auch das ein oder andere Alien mit an Bord und ärgert sich über den schlechten Service in der Economy Class und darüber, dass unförmige Alien-Körper in einem Ufo mehr Beinfreiheit genießen?

Erst 2013 bestätigt die CIA offiziell die Existenz des streng bewachten Militärgeländes, auf dem jahrzehntelang klandestine Forschungs- und Entwicklungsprojekte vorangetrieben wurden. Unter anderem werden dort die Spionageflieger SR-71-Blackbird, der Tarnkappenbomber Lockheed F-117 und moderne Kampfdrohnen erprobt. In den 50ern testet man hier das Spionage-Flugzeug U-2, das eigens dafür konstruiert wurde, enorme Höhen zu erreichen. Das Flugzeug fliegt auf 18 000 Metern, was praktisch ist, wenn man unerreichbar sein will für die feindliche Flugabwehr und andere Flugzeuge. Genau diese Eigenschaft macht das Flugzeug zu einem exzellenten »Ufo-Stimulus«, so nennen Ufo-Forscher Flugkörper, die von unbedarften Beobachtern als Ufo fehlinterpretiert werden. Das Flugzeug fliegt nämlich so hoch, dass die Flügel die Sonneneinstrahlung auch dann noch reflektieren, wenn die Sonne für Flugzeuge auf niedrigeren Flughöhen schon längst untergegangen ist. Vor allem in den frühen Abendstunden sehen Piloten merkwürdige Lichter am Himmel und melden unidentifizierte Flugobjekte. Um diese Vorfälle zu klären, werden mehrere Untersuchungen angestrengt. 1948 wird das »Project Sign« ins Leben gerufen, 1949 das »Project Grudge«. Es sind beides »So und jetzt gehen Sie mal bitte schön weiter, denn hier gibt es nichts zu sehen«-Projekte, die mehr oder weniger das Ziel haben, jeden, der Ufos sieht, zum Spinner zu erklären. 1952 kommt dann das »Project Blue Book«, und hier werden die Vorfälle zum Teil wirklich untersucht.

Die Air Force sammelt akribisch die Berichte, verschleiert aber die wahre Ursache der Ufo-Sichtungen und behauptet stattdessen, dass das da am Himmel nur optische Täuschungen gewesen seien, atmosphärische Phänomene oder konventionelle Flugobjekte wie Wetterballons oder Flugzeuge. Die Ufo-Sichtungen gehen weiter, aber vermutlich ist die US-Regierung damals gar nicht mal so unglücklich darüber, dass man streng geheime Militärprojekte bisweilen nicht für streng geheime Militärprojekte hält, sondern für streng geheime Ufos. Die US-Journalistin Annie Jacobsen hat 2011 einen Bestseller über die Area 51 geschrieben, in dem sie argumentiert, dass die US-Regierung und das Militär Ufo-Gerüchte möglicherweise nicht direkt gefördert, aber die Verwirrung und das öffentliche Interesse an Ufos ausgenutzt hätten, um die auf Area 51 durchgeführten Projekte geheim zu halten.

Die Area 51 ist heute längst ein Mythos, aber einer, der doch einigermaßen entzaubert ist. 1995 hat die damalige

Air-Force-Chefin während eines Gerichtsprozesses wegen Umweltschutzverstößen nicht einmal den Namen der Basis nennen dürfen, die von den 50ern bis in die frühen 90er auch als »Dreamland«, »Groom Lake« oder auch einfach nur »The Ranch« bekannt ist. Und heute? Heute pilgern Ufo-Fans aus aller Welt in die kleinen Ortschaften rund um die Militärbasis, erfreuen sich an der Vielzahl von Museen, Restaurants und Motels, die am Alien-Hype verdienen wollen, und shoppen in einem Souvenirladen namens »Alien Fresh Jerky« lecker Trockenfleisch.

Mittlerweile wissen wir, wo genau die Area 51 sich befindet, und wenn wir per Google Earth an einzelne Gebäude heranzoomen und die Erde näher und näher kommt, dann können wir erspüren, wie es sich anfühlen würde, dort in einem Ufo zu landen. Und die Janet Airline? Die transportiert vermutlich keine Aliens, sondern ist mehr so ein luxuriöser Shuttle-Service für die Mitarbeiter der Area 51. Natürlich gibt sich die US-Regierung, was die Area 51 angeht, immer noch verschlossen wie ein Gartentor. Aber so ist das eben bei Regierungen, sie wollen, und sie müssen, einerseits transparent sein, aber zugleich auch geheimnisvoll. Die Aura des Ungefähren verleiht einer Institution Macht. Ein bisschen Rest-Neugierde bei der Bevölkerung ist aber immer noch da.

Storm Area 51

Im Juni 2019 hängt der 21-jährige Collegestudent Matty Roberts auf Facebook ab. Roberts wohnt bei seinen Eltern in Bakersfield, Kalifornien, und verbringt viel Zeit in der Anime-

und Videospiel-Community. Eine Sache hat es Roberts dabei besonders angetan, nämlich das sogenannte »Shitposting«. Roberts kippt gern dumme Memes ins Internet, etwa einen SpongeBob, der sich über den eigenen Rauschgiftkonsum lustig macht, oder einen Remix von einem Billie-Eilish-Video, aber mit Furzgeräuschen. An jenem Tag bleibt Roberts lange wach und postet ein Facebook-Event. Er nennt es: »Storm Area 51, They Can't Stop All of Us«. Die Idee ist simpel: Wenn nur genügend Leute das streng geheime Militärgelände stürmen, ist das streng geheime Militärgelände bald nicht mehr so streng geheim, und dann wüsste man endlich auch, was dort so geht mit Aliens und Ufos. Dann passiert das, was so oft im Internet passiert: Ein Witz wird zu einem viralen Phänomen. Prominente springen auf, der Rapper Lil Nas X etwa produziert ein Musikvideo zu der Aktion. Irgendwann wird aus dem viralen Phänomen eine veritable Staatskrise. Innerhalb weniger Tage sagen fast zehn Millionen Menschen ihre Teilnahme an dem Event am 20. September 2019 zu, zusätzlich klicken 1,5 Millionen auf »interessiert«. Die Sache eskaliert so sehr, dass ein Sprecher der Air Force die Menschen eindringlich davor warnt, sich der Basis zu nähern, man werde tödliche Waffen gegen jeden Eindringling einsetzen. Zwei Countys erklären vorsichtshalber schon mal den Notstand. Aber am 20. September kommen dann doch nur ein paar hundert Leute, viele von ihnen als Aliens verkleidet. Dazu gibt es Musik, Foodtrucks und Dokumentarfilm-Vorführungen.

Inspiriert zu der Aktion wurde Matty Roberts von einer schillernden Figur, nämlich Bob Lazar. Der schlanke US-Amerikaner, der mit seiner Brille sympathisch-nerdig wirkt, ist im

Juni 2019 bei dem berühmten Podcaster Joe Rogan zu Gast und erzählt dort die Geschichte, die er seit bald drei Jahrzehnten erzählt, nämlich dass er in der Area 51 an streng geheimer Ufo-Technologie gearbeitet hat. Lazar ist der Ufo-Whistleblower schlechthin. Schon in den 70ern gibt es zwar den ein oder anderen Area-51-Maulwurf, der mal in einem Ufo-Magazin zitiert wird. Doch das, was Lazar 1989 zum ersten Mal in einer Fernsehsendung in Las Vegas berichtet, ist spektakulär. Er habe nicht nur irgendwo auf der Area 51 gearbeitet, sondern im noch geheimeren militärischen Bereich S-4. Und dort habe er nicht irgendetwas gemacht, sondern an einer fliegenden Untertasse herumgeschraubt, am sogenannten »Sport Model«. Und das nicht aus irgendeinem Grund, sondern um aus Alien-Technologie schlau zu werden, sodass wir Menschen sie irgendwann nachbauen können. Insgesamt würden auf der Area 51 sogar mindestens neun Ufos herumstehen. Lazar kann toll erzählen, man hört ihm gerne zu, aber er nimmt es mit der Wahrheit nicht immer so genau, sagen seine Kritiker. So gäbe es keinerlei Beweise, dass Lazar wirklich in der Area 51 gearbeitet habe. Lazar behauptet zudem, am renommierten Massachusetts Institute of Technology einen Abschluss gemacht zu haben, doch auch hier: kein Bob-Lazar-Eintrag im Studentenverzeichnis, kein Bob Lazar auf einer der Abschlusslisten, kein Bob-Lazar-Bild in einem Jahrgangsbuch, nichts. Was Lazar auch nicht glaubwürdiger macht, und okay, das ist jetzt etwas geschmäcklerisch, ist die Tatsache, dass er mal eine rote Corvette mit »MJ-12« im Autokennzeichen gefahren hat. Und trotzdem muss man Lazar eines lassen: Seine Story hat sich in all den Jahren, seit er damit an die Öffentlichkeit ging, vergleichsweise wenig gewandelt. Lazar ist verhältnismäßig konsistent in dem, was er sagt, hat zumindest keine auffälligen Änderungen vorgenommen oder neue Sachen dazugedichtet. Und er hat sich nicht allzu sehr in die ganz krasse Alien-Spinner-Ecke begeben und betont auch immer wieder, dass er vieles nicht weiß und keine Lust hat auf Spekulationen. Das lässt Bob Lazar für viele glaubwürdig erscheinen. Und es ist auch durchaus denkbar, dass Lazar etwas mit dem US-Militär am Laufen hatte.

Das US-Militär und die CIA haben in den 70ern und 80ern immer mal wieder Leute in ihre Programme geholt, die man in diesen Institutionen eigentlich gar nicht erwarten würde. Leute, die man als »Querdenker« bezeichnen könnte, wenn der Begriff seit Corona nicht ähnlich kontaminiert wäre wie das Atomtestgelände von Nevada. Leute wie Russell Targ, der am Stanford Research Institute für das US-Militär »remote viewing« untersuchte, bei dem es darum geht, ein entferntes oder unsichtbares Ziel durch, nun ja, Hellsehen wahrzunehmen. Oder Leute wie John C. Lilly, der (zumindest angeblich) daran forschte, ob sich Delfine darauf trainieren lassen, Schiffe anzugreifen oder Minen aufzuspüren. Eine Zeit lang hatten das Militär und die Geheimdienste durchaus ein Herz für interessante Spinner, die lustige Ideen und clevere Einfälle hatten, und es ist gut möglich, dass Lazar genau so ein Typ war. Und dennoch: Vieles, was Lazar behauptet, lässt sich nicht belegen oder wirkt zumindest aufgepumpt. Da ist zum Beispiel die Sache mit dem Element 115, das von Anfang an Teil seiner Story ist. Element 115, das auch als Moscovium bezeichnet wird und aus 115 Protonen besteht, kennt man aus vielen Filmen oder Computerspielen. In der Popkultur treibt es Raumschiffe an, ermöglicht Zeitreisen und bringt futuristische Waffen zum Laufen, kurz, Element 115 ist *das* Mittel der Wahl, wenn man etwas total Absurdes erklären, aber nicht gleich mit Magie oder Mystery-Quatsch anrücken will. In »Tomb Raider« ist Element 115 ein Meteoritenstück, mit dem die Evolution verändert wird. Im Blockbuster-Shooter »Call of Duty« werden Menschen durch das Element 115 zu Zombies. Und in der »X-COM«-Serie nutzen Aliens es als Waffe und Ufo-Antrieb. Bob Lazar behauptet 1989, dass dieses Element 115 ultraschwer und ultrapotent sei, bereits 230 Gramm würden ausreichen, um ein Raumschiff rund 20 bis 30 Jahre lang zu betreiben. In der Area S-4 lagern laut Lazar 450 Kilogramm des Zeugs, sodass man, grob geschätzt, mit einem davon angetriebenen Raumschiff gut 50 000 Jahre durch das Universum düsen könnte.

Als Bob Lazar Ende der 80er der Welt von Element 115 erzählt, ist es eigentlich noch gar nicht entdeckt. Es wird erst 2003 in einem russischen Kernforschungslabor synthetisiert. Ja, aber wie kann Bob Lazar von einem Element wissen, das erst 14 Jahre später entdeckt wird? Gibt es dafür noch eine andere Erklärung, als dass, sagen wir mal, Lazar es in einer streng geheimen Militäreinrichtung aus dem Tank irgendwelcher Alien-Ufos abgepumpt hat? Ja, die gibt es. Denn bereits zu Lazars Zeit wird viel über hypothetisch machbare Elemente geforscht. Vor 115 wird bereits Element 116 synthetisiert, das Livermorium. Und fast zur gleichen Zeit 114, genannt Flerovium. Dass diese Elemente herstellbar sind, ist also bekannt, und eigentlich ist es nur eine Frage der Zeit, es auch hinzubekommen. Lazar hat also einfach gut geraten. Zudem stimmen seine Angaben über das Element 115 nicht mit der Realität überein. Der vermeintliche

Alien-Whistleblower hatte das Element als stabil beschrieben. In Wahrheit ist es aber instabiler als eine Braut, die auf ihrer lang geplanten Traumhochzeit merkt, dass ihre verhasste Cousine aus Rache ebenfalls ein weißes Kleid anhat. Wir sprechen hier aus Erfahrung.

Lazar hat sicherlich mit dazu beigetragen, dass in den 90ern die Area 51 in den Medien und in der Popkultur allgegenwärtig ist. Seine Geschichte passt auch in die Zeit, denn in den 90ern gibt es (wieder) einen regelrechten Ufo- und in gewisser Weise auch einen Verschwörungsboom. Angeblich erkundigt sich der damalige US-Präsident Bill Clinton gleich nach seinem Amtsantritt über Ufos. 71 Prozent der Amerikaner sollen damals der Meinung gewesen sein, die Regierung wisse mehr über Ufos, als sie zugibt.

Die amerikanische Historikerin Kathryn Olmsted beschreibt in ihrem Buch »Real Enemies« die 1990er-Jahre als den Höhepunkt der paranoiden Stimmung. Der Kommunismus war endlich weg, doch das Misstrauen gegen Staat und Regierung blieb. Die 90er sind das Jahrzehnt des Neoliberalismus. Der Kapitalismus hatte sich also endgültig durchgesetzt – und drehte jetzt richtig auf. Am 11. September 1990 hält US-Präsident George Bush Senior eine Rede. Überschrieben ist sie mit »Toward a New World Order«. Die neue Weltordnung, sie soll von neoliberaler Wirtschaftspolitik und US-amerikanischer Militärmacht geprägt sein. Dagegen wendet sich die politische Linke. 1996 laden die linksgerichteten Zapatisten zum ersten »intergalaktischen Treffen« im Amazonas ein, 5000 Menschen kommen im mexikanischen Regenwald zusammen. Daraus entwickelt sich nach und nach eine Bewegung, die scharfe Kritik übt an der neoliberalen Globalisierung. Kritisiert werden das hemmungslose Konsumverhalten und die Ausbeutung des Globalen Südens. Doch bisweilen mischt sich hier auch ein unterkomplexes Verschwörungsgeraune in die Kritik, etwa wenn behauptet wird, die Kriege der Zukunft würden in Hinterzimmern auf irgendwelchen Weltwirtschaftsforen ausgehandelt und geplant.

Im Kino beginnt das paranoide Jahrzehnt 1991 mit Oliver Stones Verschwörungsepos »JFK« und endet 1999 mit »Matrix«. »Die Matrix ist die Welt, die über deine Augen gestülpt wurde, damit du blind für die Wahrheit bist«, erklärt uns Morpheus gleich zu Beginn. Und dazwischen? Dazwischen ist »Akte X« und ganz viel Geraune. Während Tom DeLonge in Kalifornien an der Halfpipe abhängt, singen Nirvana »Just because you're paranoid, don't mean they're not after you«, und im Discman läuft Radioheads meisterhafte Heulbojen-Hymne »Paranoid Android« auf Repeat. Die 90er sagen uns: Es gibt eine Welt hinter der Welt und dieser Welt hinter der Welt, und da geht es richtig rund: Aliens, Ufos, Verschwörungen und kettenrauchende Deep-State-Funktionäre, die dafür sorgen, dass die Wahrheit nicht als Licht kommt und wir weiter in der Matrix vor uns schlafschafen. Mandela, Macarena, »Mortal Kombat«: Kein Zweifel, die 90er waren ein tolles Jahrzehnt, aber hier nimmt dann auch so einiges von dem seinen Anfang, was uns heute Probleme macht. Darunter ist auch eine Spielart des Verschwörungsglaubens, der eine Menge mit Ufos zu tun hat. Die Rede ist vom libertären Verschwörungsglauben. Aber um das zu erklären, müssen wir ein wenig ausholen.

Als Verschwörungstheorien noch cool waren

Heute, wo Verschwörungstheoretiker Parlamente stürmen, eigene Fantasie-Staaten ausrufen, Polizisten erschießen und Impfungen verweigern, klingt das seltsam, aber ja: Verschwörungstheorien und Verschwörungstheoretiker waren wirklich mal cool. Und das hat eine Menge mit »Akte X« zu tun. Am 10.9.1993 wird in den USA die erste Folge ausgestrahlt, wenig später verwandeln Mulder und Scully den furchtbarsten aller Wochentage hier in Deutschland in den besten, nämlich in den Mystery-Montag auf Pro7.

Im Zentrum von »Akte X« stehen die FBI-Agenten Dana Scully und Fox Mulder. Die beiden sollen mysteriöse Fälle aufklären, wobei »mysteriös« hier eine Untertreibung ist. Nach dem Schema »Monster of the Week« spüren Mulder und seine Kollegin mal Wurmmutanten in Abwasserkanälen, gen-manipulierten Killerbienen, Geistern und natürlich auch Aliens nach. Mulder ist der Typ mit dem »I want to believe«-Poster im Büro. Er glaubt an Ufos und an allerlei Verschwörungstheorien. Nicht ganz ohne Grund, denn er ist überzeugt, dass seine Schwester einst von Außerirdischen verschleppt wurde. Scully wiederum ist eine Ärztin und Skeptikerin. Sie glaubt, dass es für alles eine logische Erklärung gibt, und rückt den Fällen mit dem Arsenal des kritisch-rationalen Denkens zu Leibe. Wobei sie damit gerne mal an ihre Grenzen stößt.

Kaum etwas hat das Bild von Verschwörungstheorien und Verschwörungstheoretikern so sehr geprägt wie »Akte X«. Das beginnt schon allein bei der Vorstellung, es gäbe eine geheime FBI-Abteilung, die obskure Fälle untersucht. Ein wenig erinnert das an die »Men in Black«, auch so ein Ding der 90er übrigens. Wobei, kurzer Klugscheißereinwurf, dieser Mythos natürlich sehr viel älter ist. Erzählungen von dunkel gekleideten, mysteriösen Figuren tauchen schon in den 1950er-Jahren auf. Es gibt Berichte von Leuten, die behaupten, mitten in der Nacht hätten wildfremde, ernst dreinblickende Männer in schwarzen Anzügen vor ihrer Tür gestanden. »Wir müssen den Gaszähler ablesen!«, hätten sie gesagt. Und dann seien sie in den Keller gegangen und, wait for it, nie wieder zurückgekommen. Vermutlich haben die Männer aber niemanden geblitzdingst, vielmehr lässt sich das Phänomen vor dem Hintergrund der paranoiden McCarthy-Ära erklären. Die »Phantom Meter Reader« wurden verdächtigt, Agenten zu sein, die Häuser verwanzen. Es gibt auch Schilderungen von Menschen in schwarzen Anzügen, die plötzlich vor einem Haus gestanden seien. Bewegungslos. Und dann, wait for it, nach einer Stunde einfach wieder gegangen seien. Und dann gibt es diese Story, die der Autor John Keel in seinem Klassiker »The Mothman Prophecies« schildert, und die geht so: Im Sommer 1967 betritt ein auffälliger, groß und unbeholfen wirkender Mann einen Laden. Er trägt einen altmodischen, schlecht sitzenden schwarzen Anzug und hat hervorstehende Augen »wie bei einem Schilddrüsenkranken«. Mit seinen dürren Fingerchen winkt er die Bedienung zu sich heran und bestellt, Zitat, »Essen«. Die Bedienung reicht ihm die Karte, aber die versteht er nicht, er will einfach nur »Essen«. Also bringt die Bedienung ihm ein Steak, aber da das nächste Problem: Der merkwürdige Gast kann nicht mit Messer und Gabel umgehen. Also schneidet die Bedienung ihm das Steak zurecht, und der merkwürdige Gast spießt die Fleischbröckchen mit der Gabel auf. Irgendwann fragt die Bedienung: »Woher kommst du?«, und der merkwürdige Gast antwortet, wait for it, »nicht von hier. Ich komme aus einer anderen Welt«.

Dass die »Men in Black« Aliens sind, vielleicht sogar aus einer Galaxis, mit anderen Tischgewohnheiten als denen hier auf der Erde, das ist eine Sichtweise. Andere wiederum halten diese Typen für Roboter. Dass sie heute vor allem als Ausputzer in Ufo-Angelegenheiten wahrgenommen werden, verdanken sie jedenfalls Albert Bender, einem bekannten Ufologen, der in den 50er-Jahren das beliebte Ufo-Magazin *Space Review* herausgibt. Im Spätsommer 1953 macht Bender eine Reihe von Entdeckungen und ist überzeugt, endlich die Wahrheit über die Ufo-Vertuschung gefunden zu haben. Er plant eine fette Veröffentlichung in der Oktober-Ausgabe. Doch kurz bevor sie erscheint, bekommt er Besuch von drei »schwarz gekleideten Männern«, die ihm eine solche Angst einjagen, dass Bender den Bericht nicht publiziert und sogar sein Magazin einstellt.

Solche und ähnliche Ufo-Folklore greift »Akte X« auf, und das macht die Serie damals so faszinierend: Von vielen der Mythen, mit denen es Mulder und Scully zu tun bekommen, hatte man vorher schon mal etwas gehört. Es geht um Übertragung von Krankheiten durch genmanipulierte Bienen, subliminale Beeinflussung, Wurmmutanten in Abwasserkanälen, Geister, Alien-Verschwörungen, Alien-Hybride-Züchtungsprogramme, geheime Militäranlagen, also um alles, was wir damals faszinierend und cool fanden. Die Serie traf auch deswegen einen Nerv, weil viele der Theorien, die da am Mystery-Montag über die Röhrenfernseher flimmerten, zuvor bereits über unsere VGA-Computermonitore geschwappt waren. Wenige Monate vor der Premiere von »Akte X« hatte das Direktorium des europäischen Kernforschungszentrums CERN das World Wide Web kostenlos für die Öffentlichkeit freigegeben. Diese bahnbrechende Entscheidung entfacht eine Informationsrevolution und leitet unwiderruflich das Zeitalter des rund um die Uhr zur Verfügung stehenden Internets ein. Schon bald kann jeder, der einen 386er besitzt und ein fiependes Modem in seinem Flur stehen hat, sich Zugang zu wissenschaftlichen Papers und seriösen Qualitätsmedien verschaffen – oder eben zu Gerüchten und Spekulationen über Ufos und Regierungsverschwörungen.

Gleichzeitig bietet dieses neue Medium allerlei Freaks ganz neue Möglichkeiten, sich zu vernetzen und ihre Ideen zu verbreiten. So laufen die damaligen Internet-Boards schnell von Verschwörungstheorien über, dazu kommen Zeitschriften, die sich explizit den wilden Theorien widmen. Heute reagieren wir genervt, wenn uns Jürgen in der Sauna vom Gym volllabert mit seinen YouTube-Weisheiten zu Corona, dem Ukraine-Krieg oder dem 11. September. Aber damals konnte man auf Cocktailpartys durchaus reüssieren, wenn man nach zwei Mai Tais die »Theorie der magischen Kugel« aus Oliver Stones Film »JFK« oder sein Wissen über die geheime Existenz von Zeitreise-Experimenten zum Besten geben konnte.

Gleichzeitig prägt »Akte X« aber auch das Bild der Verschwörungstheoretiker selbst. In der Serie waren das keine Freaks, die stundenlang auf Facebook, Reddit oder 4chan abhängen, um sich die neuesten Krümel der QAnon-Verschwörungstheorie zusammenzusuchen und dann im Bärenkostüm das US-Kapitol zu stürmen. Das waren eher leicht spinnerte, aber schlaue Typen, die »den Widerstand« darstellen und die sogar über sich selbst lachen konnten. Leute, die mehr »Conspiracy Realists« waren und weniger »Conspiracy Theorists«. Die wussten, dass Verschwörungen durchaus real sein könnten, dass das Militär im Geheimen an krassen Sachen forscht, dass Geheimdienste im Ausland Regierungen stürzen und dass die CIA Castro killen will. Leute, die zwar wussten, »was wirklich vor sich geht«, aber niemandem damit auf den Wecker gingen. Den Verschwörungstheoretikern am Mystery-Montag reicht es, eine Untergrund-Zeitung herauszugeben, sich im Schein von Neonröhren durch Berge von geheimen Dokumenten zu wühlen und ansonsten Mulder hier und da mal mit brühheißen Infos zur geheimen Existenz von Überwachungssatelliten und deren Verbindung zu angeblichen außerirdischen Entführungen zu versorgen.

»Akte X« löst eine Welle ähnlicher Serien wie »Millennium«, »Prey«, »Dark Skies«, »Sleepwalkers«, »Roswell« und das offizielle Spin-off »The Lone Gunmen« aus und beeinflusste nicht nur die Ufo- und Verschwörungsszene. 2009 veröffentlicht die britische Regierung eine Reihe geheimer Ufo-Akten. Daraus geht hervor, dass 1995 117 Ufo-Sichtungen gemeldet wurden, 1996 waren es 609. 1996 war das Jahr, in dem »Independence Day« in die Kinos kommt und die »Akte X«-Manie ihren Höhepunkt erreicht. Und als *National Geographic* 2012 eine Ufo-Umfrage durchführt, sagen 27 Prozent der Befragten, »Akte X« zeige am realistischsten, wie es wäre, wenn Außerirdische wirklich unter uns wären – so viele wie bei keiner anderen Serie oder keinem anderen Film.

Und dann ist da die Sache mit dem Pilotfilm des Spin-offs »The Lone Gunmen«. In der Serie, die in Deutschland »Die einsamen Schützen« heißt, geht es um eine kleine Gruppe von Verschwörungstheoretikern, die in der »Akte X«-Hauptserie immer wieder vorkommen. Die drei Investigativ-Nerds helfen Mulder und geben ein eigenes Untergrund-Magazin heraus mit den hottesten Verschwörungsnews. Viele im Internet haben sich gerne mit den Lone Gunmen identifiziert. Im Pilotfilm geht es darum, dass die US-Regierung ein Passagierflugzeug per Funkfernsteuerung in das World Trade Center lenkt, um dadurch dem Militär ein größeres Budget zu verschaffen und das Ganze ausländischen Diktatoren anzuhängen. Diese Folge wird in den Vereinigten Staaten Anfang März 2001 ausgestrahlt, ein halbes Jahr also vor dem tatsächlichen Anschlag auf die Twin-Towers. Die in der Serie geschilderte Handlung wird sich als Verschwörungstheorie bald über die ganze Welt verbreiten.

Das ist nur ein kurioser Zufall, aber in einer Hinsicht hat »Akte X« ein wirklich düsteres Erbe hinterlassen. Denn jenseits der »Monster of the Week« spinnt die Serie über mehrere Staffeln hinweg die finstere Erzählung eines »Deep State«. Nicht die Regierung ist die eigentliche Macht, sondern eine kleine Gruppe von sehr mächtigen und einflussreichen Menschen, eine Art Schattenstaat, der im Hintergrund die Fäden in der Hand hält und alle Geschicke lenkt. In der Serie sind das der kettenrauchende Krebskandidat und seine Mitverschwörer. Deswegen wirkt »Akte X« heute, wo Leute ernsthaft glauben, der Deep State hätte Donald Trump die Wahl geklaut, irgendwie aus der Zeit gefallen. Den Machern um Drehbuchautor Chris Carter kann man keinen Vorwurf machen, denn in den 90ern hätte man nicht unbedingt voraussehen können, dass irgendwann irgendwelche Leute allen Ernstes aufgrund von merkwürdigen Internet-Posts auf irgendeiner windigen Internet-Plattform auf die

Idee kommen könnten, es gäbe eine konspirative Unterwanderung der US-Regierung – so wie das bei der Verschwörungsbewegung QAnon der Fall war.

Der Wahn ist irgendwo da draußen

Damals, als »Akte X« seinen Hype erlebt, gelten Verschwörungstheorien noch als harmlos, oder genauer: Sie scheinen harmlos. Verschwörungstheorien waren für viele eher so etwas wie moderne Märchen, Erzählungen, vor denen man sich gruselte oder über die man kurz grübelte.

Sie waren eine krude, aber faszinierende Parallelwelt, in die man gerne eintauchte. Aber eben letztlich genau das: eine Parallelwelt, die mit unserem Leben nichts zu tun hatte. Im Real Life hatten wir andere Probleme, als tagein, tagaus darüber nachzudenken, was wohl genau in der Area 51 passiert, ob »das Syndikat« tatsächlich einen Plan zur Kolonisierung der Erde durch Außerirdische hat (Staffel 4, Folge 24) oder ob das »schwarze Öl« ein Alien-Virus ist, das offensichtlich von Aliens und ihren Helfern eingesetzt wird, um eine Invasion vorzubereiten. Wobei, ach, so ganz klar ist das alles nicht. Denn »Purity«, wie dieses Öl eigentlich heißt, ist wohl schon vor Jahrmillionen auf die Erde gekommen und könnte auch der Ursprung allen Lebens hier sein (Staffel 3, Folge 15). Egal.

Anders sieht das bei den Verschwörungstheorien aus, die heute kursieren. Die haben direkten Einfluss auf das Leben und den Alltag vieler Menschen, sie sind weit mehr als faszinierende, aber doch ausgedachte Gruselgeschichten. Wenn es zum Beispiel heißt, die Corona-Impfung sei in Wirklichkeit dazu da, dass uns Bill Gates Chips zur Gedankenkontrolle implantieren kann, dann hat das eine Menge mit unserem Leben zu tun. Sehr viel mehr zumindest, als wenn in »Akte X« davon die Rede ist, dass irgendwo an menschenähnlichen Alien-Hybriden gearbeitet wird (Staffel 4, Folge 1).

Ganz ähnlich steht es um die Behauptung, 5G-Netzwerke würden zur Verbreitung von Viren eingesetzt werden oder die Kondensstreifen am Himmel seien in Wirklichkeit Chemtrails, die versprüht werden, um uns zu manipulieren oder gar zu vergiften. Jedes Mal sind das Dinge, die uns direkt betreffen, uns krank machen und uns schaden, und die Gräben zwischen uns ausheben und das Miteinander erschweren. Und was erschwerend hinzukommt: Solche Theorien liefern auch immer (oft zweifelhafte) Ideen mit, wie man Abhilfe schaffen kann für das vermeintliche Problem. Als 15-Jährige (und zu unserer eigenen Enttäuschung auch heute noch) hatten wir wenig Einfluss auf das, was in der Area 51 passiert. Wer heute aber ein Problem mit Chemtrails hat, der kann sich auf eBay für schlappe 12 500 Euro eine Akasha-Säule kaufen (Service-Hinweis: Gibt's auf Amazon günstiger). Dieser »Umweltharmonisierer der Sonderklasse stellt sozusagen das Flagschiff (sic) von Oz-Orgonite dar«, heißt es in dem dazugehörigen Werbetext. Nicht-Eingeweihte sehen nur ein paar lange Metallstäbe, die in einem Stein stecken. Profis erkennen darin die einzig wirksame Abwehr gegen Chemtrails, Elektrosmog und generell negative Energie. Wer wiederum glaubt, Bill Gates würde ihn chippen wollen, der kann Impfungen verweigern. Und wer denkt, 5G-Netzwerke seien für die Corona-Ausbreitung verantwortlich, kann Funkmasten anzünden, so wie es 2020 in Großbritannien geschehen ist.

An diesen Problemlösungsbeispielen sehen wir aber auch, wie schnell Verschwörungsmythen in Gewalt umschlagen können. Bei dem Verschwörungsmythos, Juden würden Medien, Wirtschaft und Politik bestimmen, ist es dann gleich das ganze Leben, die Wirtschaft und jegliche gesellschaftliche Entwicklung, die von angeblich übermächtigen jüdischen Zirkeln bestimmt wird. In der dunkelsten Zeit der deutschen Geschichte wurde auch hier eine »Lösung« propagiert, die dann zur Endlösung führte, zum ultimativen Zivilisationsbruch und zur industriellen Vernichtung der europäischen Juden.

Viele der Verschwörungstheorien, die heute (immer noch) kursieren, haben kaum etwas mit denen zu tun, die uns in den 90ern so fasziniert haben. Heute ist nicht mehr die Wahrheit irgendwo da draußen, sondern nur noch der Wahn.

An der Stelle könnten wir es uns nun einfach machen. Zum Beispiel sagen: Na ja, wenn die Leute schon unbedingt an irgendwelche Verschwörungsmythen glauben wollen, dann doch bitte schön an gut abgehangene aus »Akte X«. An Ufos und Aliens, an gestaltwandelnde Killer-Außerirdische, an kettenrauchende Deep-State-Apparatschiks und sinistre Kulte, die irgendwelche Klon-Experimente durchführen. Back to the 90s! Back to harmlosen Kram! Back to Verschwörungsmythen, die so wenig wie möglich mit unserem Leben zu tun haben! Können wir nicht einfach wieder mehr über außerirdische Entführungen und geheime Regierungsbunker in der Wüste reden und weniger über Impf-Verschwörungen, Chemtrails und QAnon-Typen, die aussehen wie Jamiroquai? Tja, ganz so einfach ist es leider nicht.

Wenn der Ufo-Glaube zum Problem wird

Im Sommer 1994 betritt ein junger Mann die Area 51. Er ignoriert das Schild, auf dem steht, dass das Betreten dieser Anlage verboten ist und dass Zuwiderhandlung mit tödlicher Gewalt beantwortet werden kann. Er ignoriert auch die Tatsache, dass Fotografieren untersagt ist. Ihr könnt mir nicht erzählen, dass ich auf öffentlichem Grund kein Foto machen darf, denkt sich der junge Mann. Der 26-jährige Veteran des Ersten Golfkriegs hat nicht nur eine Kamera dabei, sondern auch ein halb automatisches Gewehr. Natürlich hat auch er von den Gerüchten gehört, davon, dass das Militär hier exotische Flugzeuge testet, dass hier vielleicht sogar mal ein Ufo gelandet ist, dass Forscher hier mit außerirdischen Lebensformen herumexperimentieren und dass das alles von der US-Regierung geheim gehalten wird. Er weiß, dass er eigentlich nicht hier sein darf. Aber er weiß auch, dass ihm das niemand so wirklich verbieten kann. Das ist öffentlicher Grund und Boden! Der junge Mann weiß, dass die Area streng bewacht wird von einem privaten Wachdienst, dessen Mitarbeiter Cammo Dudes genannt werden, wegen ihrer sandfarbenen Tarnklamotten (vom englischen Camouflage = Tarnkleidung), und die hier in sehr auffälligen weißen Pickups herumfahren. Er weiß aber auch, dass die Cammo Dudes eigentlich gar nichts dürfen. Er hat schließlich selbst einmal bei einem privaten Wachdienst gearbeitet, ein Knochenjob, 80 Stunden in der Woche, ohne echte Aufstiegsmöglichkeiten und ohne echte Kompetenzen. Die Cammo Dudes dürfen niemanden verhaften. Und erst recht dürfen sie mir als Amerikaner nicht das Recht nehmen, öffentlichen Grund und Boden zu betreten und dabei eine Waffe zu tragen!

Der junge Mann hat einen Plan: Er will so weit wie möglich in das streng bewachte Gebiet hineinfahren und dann einen Berg hochklettern, von dem aus man eine perfekte Sicht auf die Militärbasis hat. Er parkt also seinen Chevrolet Spectrum, dem er den Kampfnamen »Road Warrior« gegeben hat, und marschiert los. Nach einiger Zeit bemerkt er Sicherheitskräfte in einem weißen Grand Cherokee ohne Kennzeichen. Das ist typisch für die Cammos. Sie beziehen für gewöhnlich auf einem Hügel Stellung und beobachten aus sicherer Entfernung mit starken Ferngläsern jeden, der sich in die Nähe der Basis wagt. Der Jeep nähert sich, der junge Mann taucht ab, versteckt sich hinter einem Gebüsch in einer kleinen Senke. Die Wachen steigen aus, inspizieren den »Road Warrior«, der junge Mann hält den Atem an – und springt dann plötzlich auf. Eigentlich könnte er die beiden nun erschießen, aber stattdessen sagt er einfach nur »Hi!«. Die Wachen erschrecken, wer ist dieser Typ? Aber dann lassen sie ihn ziehen.

Der junge Mann, von dem hier die Rede ist, heißt Timothy McVeigh. Und Timothy McVeigh hasst den Staat. Auch deswegen würde er nie auf private Wachmänner schießen, denn McVeighs Feinde sind Regierungsangestellte, keine privaten Wachleute. Am nächsten Tag im Morgengrauen kommt McVeigh wieder. Er schleicht sich auf die Anlage, und es gelingt ihm tatsächlich, ein paar Fotos zu machen, obwohl kurzzeitig sogar ein einschüchternder Regierungshubschrauber des Typs Black Hawk vor ihm auftaucht. Beweise für Ufos findet er allerdings nicht.

Wenige Monate später. Timothy McVeigh fährt frühmorgens in einem gemieteten Truck nach Oklahoma City. Er trägt ein T-Shirt, darauf ein Bild von Abraham Lincoln und die Worte »SIC SEMPER TYRANNIS« (»So soll es Tyrannen ergehen«), die der Mörder Lincolns bei seinem Attentat 1865 ausgerufen haben soll. Gegen 8.50 Uhr trifft McVeigh in Oklahoma City ein, fährt seinen Lastwagen vor das Murrah Federal Building, in dem mehrere der von ihm so gehassten Regierungsbehörden ihren Sitz haben, und aktiviert eine 2,4 Tonnen schwere Bombe, die er aus Mineraldünger und mehreren 100 Litern Nitromethan gebaut hat. Dann verriegelt er das Fahrzeug und läuft schnell zu einem nahe gelegenen Gebäude der YMCA. Dann explodiert der Lastwagen. Der Anschlag verwandelt die ruhige, von Bäumen beschattete Innenstadt von Oklahoma City in ein Trümmerfeld und zerstört die nördliche Front des Gebäudes. Aus dem zerstörten Beton hängen Kabel und Stahlträger, Papier flattert im Wind. Angestellte taumeln aus den Treppenhäusern, Gliedmaßen werden durch die Explosion abgetrennt, insgesamt kommen 168 Menschen ums Leben, mehr als 500 werden verletzt. Im ersten Stock des Gebäudes befindet sich ein Kindergarten, 19 der 168 Opfer sind Kleinkinder. Es ist das bis dahin schwerste Attentat in der Geschichte der USA, das zeigt, dass die USA damals schon ein Problem mit inländischem Terrorismus hatten, und dass der Ufo-Glaube auch eine dunkle, menschenverachtende und zerstörerische Seite haben kann. Timothy McVeigh wird kurz darauf verhaftet und am 11. Juni 2001 im Bundesgefängnis Terre Haute mittels einer Giftinjektion hingerichtet. Die Faszination für Ufos lässt den Terroristen nie los. Während McVeigh auf seine Hinrichtung wartet, schaut er allein innerhalb von zwei Tagen sechsmal den Film »Contact«, in dem Jodie Foster als Wissenschaftlerin Signale von außerirdischem Leben empfängt.

Warum Regierungen Ufos geheim halten könnten

Bevor wir darauf zu sprechen kommen, wie genau eine Ufo-Faszination in Verschwörungsglauben umschlagen kann, müssen wir etwas tun, was wir eigentlich schon längst hätten tun sollen. Wir müssen erst einmal klären, was das überhaupt ist, eine Verschwörungstheorie. Eine Verschwörungstheorie ist die Vorstellung, dass durch das konspirative Wirken einer kleinen Gruppe ein Zustand oder ein Ereignis herbeigeführt wird. Das zumindest ist die gängige Lexikon-Definition. Wichtig ist aber ein Detail: Dieser Zustand oder dieses Ereignis hat für die allermeisten Menschen negative Auswirkungen. Die Verschwörer planen in ihren konspirativen Verschwörungstreffen halt nicht Freibier für alle oder ein allgemeines Verbot von Hausaufgaben, sondern die Versklavung und Verdummung der Bevölkerung, damit sich eine kleine konspirative Clique an der Macht halten kann. Die Frage ist nun: Wäre die Tatsache, dass die Regierung einen Alien-Kontakt vor uns geheim hält, etwas, das uns negativ betreffen würde? Zweifel scheinen zumindest angebracht, oder anders: Die Regierungen hätten zumindest verdammt gute Gründe, die Tatsache geheim zu halten, dass Außerirdische die Erde besucht haben.

»Außergewöhnliche Behauptungen erfordern außergewöhnliche Beweise«, hat der amerikanische Astronom Carl Sagan ja einmal gesagt. Und jetzt stellen Sie sich vor, dieser außergewöhnliche Beweis für die außergewöhnliche Behauptung, dass außerirdisches Leben auf der Erde existiert, würde wirklich endlich erbracht werden. Wie würde so ein Beweis aussehen? Vielleicht würde der US-Präsident zusammen mit dem UN-Generalsekretär und einem glubschäugigen Alien ein Foto machen, das eine Zeitung vom heutigen Tag in den Tentakeln hält. Vielleicht gäbe es zusätzlich eine Zellprobe für die Wissenschaft. Vermutlich würde es aber eher formal zugehen mit einer Pressekonferenz, live übertragen in die ganze Welt und einem begleitenden wissenschaftlichen Handapparat, darin Formeln, Berechnungen und Messungen, basierend auf einer Beobachtung durch eine Sonde, die entsprechende Daten zur Erde funkt. Vielleicht würden wir auch auf ein Raumschiff stoßen, das nachweislich aus Materialien gefertigt ist, die wir nicht kennen, oder auf einen seltsamen Monolithen. Am Abend würde der Bundeskanzler eine Fernsehansprache halten, die laut ChatGPT irgendwie so klingen würde: »Liebe Mitbürgerinnen und Mitbürger, ich wende mich heute in einer besonderen Situation an Sie. Wir befinden uns an einem Punkt, der in der Geschichte der Menschheit ohne Beispiel ist. Wie Sie sicher bereits aus den Medien erfahren haben, sind wir nicht mehr allein. Wir haben Besuch erhalten – Besuch von außerhalb unserer Erde.« Wir wären hyped. Aber was würde dann passieren? Welche Folgen hätte dieses epochale Ereignis?

Klar, die Kontaktmethode von Aliens könnte vollkommen außerhalb unseres bisherigen Erfahrungsraums liegen; vielleicht fällt uns ein Alien-Kontakt aber auch gar nicht auf. Vielleicht wäre die Ankunft von Aliens zunächst total umwerfend, dann aber auch ziemlich trivial. Wir wissen es einfach nicht. Es gibt unterschiedliche Szenarien, die sehr unterschiedlich verlaufen können. Aber gehen wir mal von dem unserer Meinung nach interessantesten Szenario aus, nämlich einem direkten Kontakt zwischen Menschen und Außerirdischen.

Wir wissen aus der menschlichen Geschichte, dass der Zusammenstoß zwischen »Entdeckern« und »Entdeckten« für die »Entdeckten« meist nicht besonders erfreulich verläuft. Allerdings sind die Voraussetzungen für einen solchen »asymmetrischen Kulturkontakt« in diesem Fall ein wenig anders. Die indigenen Völker im 15. Jahrhundert waren auf die Ankunft der Europäer nicht vorbereitet. Wir hingegen denken seit jeher über die Frage nach, ob es da draußen intelligentes Leben gibt, und sind durch Unmengen an Science-Fiction für eine Begegnung mit Außerirdischen »gebrieft« worden. Sollte es wirklich zu einem Alien-Kontakt kommen, hätten wir schon eine grobe Vorstellung davon, mit wem wir es zu tun hätten und was das jetzt für eine Situation wäre. Aber wie die Soziologen Michael Schetsche und Andreas Anton in ihrem hochinteressanten Buch »Die Gesellschaft der Außerirdischen« schreiben, kann das auch ein Nachteil sein, eben gerade weil so viele Filme, Serien, Bücher und Computerspiele uns darauf vorbereitet haben, was uns blüht, wenn der Erstkontakt mit Aliens nicht so gut läuft. Auch durch die Ufo-Szene geht ein großer Riss, wenn es um diese Frage geht. Menschen wie Dr. Steven Greer, der glaubt, Ufos herbeitelepathieren zu können, sind fest davon überzeugt, dass außerirdische Intelligenzen gutmütig sind. Andere – wie Tom DeLonge – glauben daran, dass sie feindselig und mehr oder weniger auf dem Sprung sind, uns zu unterjochen.

Natürlich hängt die Frage, wie wir als Menschheit auf einen Kontakt mit Außerirdischen reagieren würden, auch maßgeblich davon ab, wie sich die Außerirdischen uns gegenüber verhalten. Aber egal, wie freundlich das Alien auch dreinschauen mag, irgendwo in uns wird auch das Misstrauen lauern, dass die Aliens bestimmt nur gekommen sind, um uns als Spezies zu vernichten. Panik könnte deswegen um sich greifen, Börsen würden kollabieren, vielleicht käme es sogar zu Massenselbstmorden, und an jeder Ecke würde eine neue Weltuntergangssekte entstehen, die auf Plakaten die Alien-Apokalypse verkünden würde.

Vor allem aber hätten Politik und Nationalstaaten ein Problem. Die beiden Politikwissenschaftler Alexander Wendt und Raymond Duvall argumentieren, dass das Konzept des Nationalstaates grundlegend anthropozentrisch ist. Mit anderen Worten, es basiert auf der Annahme, dass Menschen das Zentrum der politischen Welt bilden. Sollten Außerirdische in unser politisches Bewusstsein treten, würde dies diese grundlegende Annahme infrage stellen. Das könnte die Autorität und Legitimität menschgeschaffener politischer Strukturen, so wie wir sie kennen, vollkommen untergraben. Und das wiederum könnte zu einem Machtverlust der Staaten führen, was wiederum die öffentliche Ordnung destabilisiert. Die Folge: Die Macht der Staaten erodiert, die öffentliche Ordnung bricht zusammen, Unruhen und Bürgerkriege greifen um sich und irgendwann das totale Chaos. All diese möglichen Folgen hängen nicht unbedingt vom konkreten Handeln der Außerirdischen ab, sondern eher von der menschlichen Reaktion und Interpretation dieser neuen Realität. Glaubt man Soziologen und Politikwissenschaftlern, dann haben Staaten also wirklich sehr, sehr gute Gründe, die Existenz von Ufos und Aliens so geheim wie möglich zu halten. Und man kann ihnen eigentlich im Interesse von uns allen nur wünschen, dass sie damit erfolgreich sind.

Wenn aus Ufo Alu wird

Oben haben wir gesagt, dass eine Verschwörungstheorie die Vorstellung beinhaltet, eine kleine sinistre Gruppe würde ein Ereignis oder einen Zustand herbeiführen, der für die allermeisten Menschen negative Auswirkungen hat. Und der bei Ufo-Verschwörungen als negativ wahrgenommene Zustand ist die Vorstellung, dass der Staat uns Bürgern die Existenz von Außerirdischen verschweigt. Wie gesagt, so negativ ist dieser Zustand wahrscheinlich gar nicht, eher im Gegenteil, es wäre vermutlich eine Katastrophe, wenn die Menschheit morgen erfahren würde, dass Aliens unter uns sind. Aber Leuten, die dem libertären Verschwörungsglauben anhängen, geht es nicht um soziologische Überlegungen, sondern ums Prinzip. »Die Regierung verschweigt uns etwas! Ihr kann man nicht trauen!« Das ist der Kern libertärer Verschwörungsideologie, wie sie in den USA häufig anzutreffen ist. Und manchmal gesellt sich als Argument hinzu, dass man der Regierung auch und vor allem deswegen nicht trauen kann, weil sie ihre Ufo- und Alien-Erkenntnisse vor uns verbirgt. So führt der Ufo-Glaube dann auch mal zum Aluhut.

Libertäre Verschwörungstheorien drehen sich oft um Themen, die mit persönlicher Freiheit, individuellen Rechten und Misstrauen gegenüber dem Staat zu tun haben. Dazu können Themen wie Zentralbanken, Waffenkontrolle, Überwachung und Impfpflicht gehören. Im Allgemeinen geht es darum, die Freiheiten und Rechte des Einzelnen vor dem Übergriff des »großen Staates« zu schützen. Linke Verschwörungstheorien wiederum tendieren dazu, auf Ungleichheit und Ungerechtigkeit zu fokussieren, sie betonen oft die Rolle von Großkonzernen und der Elite bei der Unterdrückung der Arbeiterklasse oder der Zerstörung der Umwelt. Auch bei Kriegen den Militärisch-industriellen Komplex oder ganz generell die USA oder Israel als Dauerbösewicht anzusehen, gehört zum Standardrepertoire linker Verschwörungstheorien. Rechte Verschwörungstheorien hingegen neigen dazu, sich auf Themen wie Einwanderung, Nationalismus und die Rolle traditioneller Werte und Identitäten zu konzentrieren und Kräfte abzulehnen, die sie als »globalistisch« empfinden. Natürlich sind die Grenzen fließend, und die verschiedenen Schwurbelmilieus überlappen sich. Manche linken und rechten Verschwörungstheoretiker können sich beispielsweise durchaus vorstellen, dass der Ukraine-Krieg nur ein perfider NATO-Plan war, um westlichen Waffenfirmen neue Aufträge zu verschaffen. Und natürlich verschmelzen libertäre und rechte Verschwörungsideologien besonders oft zu einer toxischen Mischung.

Der Ufo-Interessent und Attentäter Timothy McVeigh, wie gesagt, hasste den Staat. Er glaubte an die geheimen Machenschaften einer »Neuen Weltordnung« und dachte, dass die Vereinten Nationen in Amerika einfallen würden. Vor allem die Ereignisse 1993 im texanischen Waco scheinen ihn radikalisiert zu haben. Dort hatten Bundesbehörden 51 Tage lang die Siedlung der Davidianer-Sekte belagert. Als die Polizei das Gelände stürmt, legen die Sektenmitglieder Feuer. Insgesamt sterben dabei 82 Menschen, einschließlich des Davidianer-Anführers David Koresh. Eine kleine religiöse Gemeinschaft im Kampf gegen den übermächtigen Staat: Es ist klar, wem hier McVeighs Sympathien gehören. Er fährt damals nach Waco, um die Ereignisse vor Ort zu verfolgen. Den blutigen Bombenanschlag auf das Regierungsgebäude in Oklahoma verübt er auf den Tag genau zwei Jahre nach der Erstürmung von Waco.

Vor allem in den USA, wo die Skepsis gegenüber der Regierungsgewalt traditionell groß ist, ist die libertäre Form des Verschwörungsglaubens weit verbreitet, aber auch in Deutschland gewinnt sie zunehmend an Einfluss, etwa bei Reichsbürgern oder sogenannten »Souveränisten«. Corona war diesbezüglich ein Brandbeschleuniger, und mancher Alien-Verschwörungsmythos, etwa dass unschuldigen Bürgern Chips eingepflanzt werden, erinnert frappierend an den Unsinn, der von Impfskeptikern verbreitet wurde. Vor allem aber der Glaube an eine korrupte Schattenregierung eint Trump-Fans und manche Ufo-Gläubige. Und so überrascht es nicht, dass ausgerechnet Ron Watkins 2021 eine Leaking-Seite für geheimen Alien-Kram ins Leben gerufen hat. Ron Watkins, das hat eine HBO-Doku plausibel nachgewiesen, ist mit sehr hoher Wahrscheinlichkeit kein Geringerer als Q, die Person, die hinter dem ganzen QAnon-Wahnsinn steckt, einem bizarren Verschwörungskult, der letztlich auch zur Stürmung des US-Kapitols geführt hat. Watkins und Aliens, das passt natürlich wie Kippe auf Krebskandidat.

Wer an Ufos glaubt, hat nicht gleich einen Aluhut auf. Ufo und Aliens liegen im Bereich dessen, was wissenschaftlich möglich ist. Sehr viel weniger plausibel ist allerdings die Annahme, dass unsere Regierungen in der Lage wären, eine

solch weitreichende und koordinierte Verschwörung aufrechtzuerhalten. Oft schreiben Verschwörungstheoretiker
den vermeintlichen Verschwörern nahezu übermenschliche
Fähigkeiten zu und übersehen dabei, wie komplex, ineffizi-
ent und manchmal auch vertrottelt es im Regierungsalltag
zugeht. In Regierungen arbeiten Menschen. Viele Menschen.
Menschen mit unterschiedlichen Interessen und Ideologien.
Menschen, von denen manche ihren Job besser machen und
andere schlechter und die von tausenden Journalisten beobachtet werden, von denen jeder einzelne scharf darauf ist,
einen Pulitzer-Preis abzustauben, weil er die große Alien-Ver-
schwörung aufgedeckt hat.

Es gibt Beispiele, in denen ein großes Projekt unter großer
Geheimhaltung und mit vielen Mitwissern zu Ende gebracht
wurde, ohne dass jemand geplaudert hätte, etwa das Manhat-
tan-Projekt zur Entwicklung und zum Bau einer Atombombe.
Aber hier sprechen wir von der vermutlich potenziell größten Entdeckung der Menschheit, nämlich, dass wir nicht nur
nicht allein im Weltall sind, sondern regelmäßig extraterrestrischen Besuch einer intelligenten Spezies bekommen. Und
wir sprechen nicht von wenigen Jahren, sondern von Jahrzehnten, in denen dieses Geheimnis geheim gehalten hätte
werden müssen. Ein Geheimnis, das über verschiedene US-
Administrationen hätte bewahrt werden müssen, von denen
sich manche so gut verstehen wie Kaktus und Luftballon.
Was auch häufig vergessen wird: Auch wenn hier dauernd
von der US-Regierung die Rede ist, werden Ufos ja überall
auf der ganzen Welt gesehen. Diverse Regierungen hatten
entsprechende Programme zur Untersuchung von Ufos, darunter Frankreich, Peru oder Uruguay. Wäre es nicht denkbar, dass, wenn irgendein uruguayischer Astronom von einer

Alien-Begegnung Wind bekommt, er dann auch irgendwem davon erzählt?

Der libertäre Verschwörungsglaube mancher Ufo-Fans offenbart eine recht unterkomplexe Sicht auf die Welt und auf die Art, wie große Organisationen funktionieren. Und manchmal kann der Ufo-Verschwörungsglaube Teil einer toxischen Mischung sein. Dabei wäre es doch so einfach: Glauben Sie an Ufos, glauben Sie an Aliens, glauben Sie, an was Sie wollen, aber lassen Sie bitte schön die Regierung dabei raus. Die können Sie immer noch für misslungene Wärmepumpengesetze kritisieren oder für den Zustand der Bildung oder dafür, dass Ihr Lieblingsparkplatz in eine Fahrradstraße umgewandelt wurde. Verschwörungstheorien, wenn sie abstrakt bleiben, wenig konkret und weit von unserem Alltag weg, sind ein unterhaltsamer Zeitvertreib, ein interessantes Gedankenexperiment und ein aufregender Ausflug in die Welt des »Was wäre, wenn«. Werden sie jedoch dazu genutzt, die real existierenden politischen Prozesse zu verzerren und zu diskreditieren, verwandeln sie sich in eine Quelle von Misstrauen, Spaltung und Gewalt.

Glauben Sie also gern an das Ungewöhnliche und Unbekannte, an die Mysterien des Universums, die wir noch nicht erklären können. Seien Sie neugierig, aber bleiben Sie dabei skeptisch. Und vor allem: Seien Sie nicht allzu enttäuscht, wenn Sie suchen und suchen und das nur, um am Ende feststellen zu müssen, dass »die Wahrheit« nirgendwo da draußen ist.

KAPITEL 6

DAS WICHTIGSTE KANTINENGESPRÄCH ALLER ZEITEN

Die wichtigste Frage der Menschheit wurde zum ersten Mal beim Mittagessen diskutiert. Es ist ein heißer Sommertag im Jahr 1950. In Los Alamos, New Mexico, gehen die Männer, die für den Bau der Atombombe verantwortlich sind, zum Lunch in die Fuller Lodge, eine muckelige Hütte aus Stein und großen Holzstämmen, in der die Kantine des Los Alamos Laboratorys liegt. Die Gruppe besteht aus vier Physikern. Da wäre zum einen Edward Teller, der gerade daran arbeitet, das Zerstörungspotenzial der Atombombe um das Tausendfache zu steigern. Er gilt vielen heute als der »Vater der Wasserstoffbombe«. Neben Teller läuft Emil Konopinski, ein Mann, der sich mit Fragen von zivilisatorischer Tragweite auskennt. In den 40ern hat er daran geforscht, ob eine Atombombe eine Kettenreaktion in der Atmosphäre auslösen könnte, die die gesamte Welt in Brand setzt. Dann ist da noch Herbert York, der in diesem Moment zwar mithilft, die Wasserstoffbombe zu bauen, aber später einer der lautesten und einflussreichsten Abrüstungsbefürworter wird, als er sieht, was seine Erfindung anrichten kann. Eine illustre Runde bis hierhin, aber einer fehlt noch. Und zwar der Brillanteste von allen. Ein Jahrhundertgenie, dem schon 1938 der Nobelpreis in Physik überreicht wurde: Enrico Fermi. Seine Forschungen legten den Grundstein für die Entdeckung der Kernspaltung, für Kernenergie und für die Atombombe. An dieser hat er seit 1942 mitgearbeitet und war einer der wichtigsten Männer an der Seite von Robert Oppenheimer. Fermis Intellekt ist messerscharf und liebt abstrakte Probleme. Neben seinen Forschungen im Bereich der Kernphysik ist Fermi ebenfalls bekannt für sogenannte »Fermi-Probleme«. Sie beschreiben Probleme, bei denen die Wissenschaft aus kaum verfügbaren Daten ein funktionierendes Modell erstellt.

Das bekannteste Fermi-Problem geht so: Nehmen wir an, dich fragt jemand, wie viele Klavierstimmer es in Chicago gibt. Du hast keine statistischen Daten, keine Telefonbücher, in denen du nachschlagen kannst, sondern nur deinen gesunden Menschenverstand. Was tust du?

Fermi stellt erst einmal eine Reihe an realistischen Annahmen auf. Er denkt wie folgt: Wir wissen, dass in Chicago etwa 3 Millionen Menschen leben, davon im Durchschnitt zwei Personen in einem Haushalt, es gibt also ungefähr 1,5 Millionen Haushalte. Gemäß der Verkaufszahlen besitzt etwa jeder zwanzigste Haushalt ein regelmäßig gestimmtes Klavier. Das würde bedeuten, dass es in Chicago etwa 75 000 Haushalte mit Klavieren gibt, die regelmäßig gestimmt werden müssen. An dieser Stelle merkt man schon, dass es bei den Fermi-

Problemen eher darum geht, sich grob einem Problem zu nähern, als ganz genaue Wissenschaft zu betreiben.

Es wird angenommen, dass Klaviere etwa einmal pro Jahr gestimmt werden. Gehen wir davon aus, dass ein Klavierstimmer etwa zwei Stunden benötigt, um ein Klavier zu stimmen, einschließlich der Fahrzeit. Wenn ein Klavierstimmer einen Acht-Stunden-Tag hat, fünf Tage die Woche und 40 Wochen pro Jahr arbeitet, dann ergibt sich eine Arbeitszeit von insgesamt 1600 Stunden pro Jahr. Wenn wir die geschätzte Arbeitszeit von 1600 Stunden pro Jahr durch die Zeit, die für das Stimmen eines Klaviers benötigt wird (zwei Stunden), teilen, erhalten wir eine Schätzung von etwa 800 Klavieren, die ein Klavierstimmer pro Jahr stimmen kann. Da es in Chicago etwa 75 000 Haushalte mit Klavieren gibt, würde dies bedeuten, dass rund 94 Klavierstimmer benötigt würden, um alle Klaviere in der Stadt pro Jahr zu stimmen.

Diese kreative und spielerische Art, ein Problem zu lösen, wird uns später noch einmal begegnen. Die Zahl der Klavierstimmer in Chicago könnten wir jetzt schnell online nachprüfen, dieses Wissen ist gesichert – aber die Zahl der Planeten, die außerirdisches Leben beinhalten … Die können wir nur schätzen.

Aber zurück zum Lunch, wo Fermi und seine Kollegen über einen Cartoon aus dem Magazin *The New Yorker* sprechen. Der Cartoonist Alan Dunn bringt darin zwei Dinge zusammen, die damals die Nation beschäftigen. Wir bitten an dieser Stelle übrigens um Entschuldigung, einen Witz zu erklären ist genauso cool wie eine Diskussion über den optimalen Zeitpunkt zum Rasenmähen zu führen. Die erste Sache, die Dunn kommentiert: verschwindende Mülltonnen in New

York City. Irgendjemand scheint die Dinger zu klauen, in der ganzen Stadt fehlen die Metallkörbe. Die Polizei ist komplett ratlos. Zweitens: weitere Ufo-Sichtungen. Nach dem »Summer of the Flying Sauer« werden immer noch Ufos in großer Regelmäßigkeit gesichtet. Auch hier ist die Öffentlichkeit komplett ratlos. Dunn kombiniert also diese beiden Phänomene und zeichnet eine Flotte von Ufos, die auf ihrem Heimatplaneten die Mülleimer aus New York City ausladen. Man muss wahrscheinlich dabei gewesen sein, um das witzig zu finden.

Fermi und seine Kollegen lachen über diesen Cartoon und nerden dann wieder ab. Sie unterhalten sich über die Möglichkeit für Raumschiffe, die Lichtgeschwindigkeit zu knacken. Fermi fragt seinen Kollegen Teller, wie hoch dieser die Wahrscheinlichkeit einschätzt, dass wir Hinweise für Überlichtgeschwindigkeit bis zum Jahr 1960 finden. Teller: eins zu eine Million. Fermi, ein Optimist, glaubt eher an ein Verhältnis von 1 zu 10. (Auflösung: Es wird noch bis in die 90er-Jahre dauern.) Die Unterhaltung der Physiker wendet sich anderen Dingen zu, sie setzen sich zum Essen an einen großen Holztisch in der Lodge. Aber in Fermi arbeitet es weiter, bis er plötzlich mit einer Frage rauspoltert, die uns heute noch beschäftigt: »Where is everybody?« Wo sind denn alle? Mit alle meint er natürlich die Außerirdischen. In seinem Kopf entsteht das nächste Fermi-Problem – ganz ähnlich zu den Klavierstimmern in Chicago. Diese Szene fasst Herbert York später so zusammen: »Fermi stellte eine Reihe von Berechnungen zur Wahrscheinlichkeit erdähnlicher Planeten, zur Wahrscheinlichkeit von Leben auf einem solchen Planeten sowie zum wahrscheinlichen Aufstieg und zur Dauer von Hochtechnologie und so weiter an. Auf der Grundlage dieser

Berechnungen kam er zu dem Schluss, dass wir schon lange und viele Male besucht worden sein müssten.«

Das klingt selbst für Laien einleuchtend und setzt auf einem tiefen Gefühl in uns allen auf: nicht vorstellbar, dass wir alleine im Universum sind. Unser Planet kann unmöglich der einzige verdammte Planet im ganzen Universum sein, auf dem intelligentes Leben haust. Auf dem Spezies sich bekriegen, sich lieben, sich Gedichte vorlesen und am Lagerfeuer Lieder singen. Das kann doch nicht sein! Es wäre eine kosmische Ungerechtigkeit, wenn wir wirklich alleine wären. Auf einem Planeten, den wir langsam unbewohnbar machen. Dieses Gefühl trifft im Fermi-Paradoxon auf die Wissenschaft, die es scheinbar bestätigt.

Nehmen wir nur mal unsere Galaxie, die Milchstraße. Die ist ungefähr 100 000 Lichtjahre breit. Das schnellste Raumschiff, das wir jemals in die Sterne geschickt haben, ist die Parker Solar Probe. Sie soll die Sonne umrunden und wird im Jahr 2024 eine Höchstgeschwindigkeit von 724 204,8 Stundenkilometern erreichen. Das sind ein bisschen mehr als 200 Kilometer pro Sekunde! Was irre viel klingt, ist in kosmischen Maßstäben wenig. 200 Kilometer pro Sekunde sind noch nicht einmal 1 Prozent der Lichtgeschwindigkeit. Mit 0,67 Prozent der Lichtgeschwindigkeit fliegt die Sonde also durch das All. Wenn sie in dieser Geschwindigkeit einmal die Galaxis durchqueren soll, dann bräuchte sie dafür 149 Millionen Jahre.

Das hört sich erst mal wenig danach an, dass wir es eines Tages schaffen, den Weltraum zu erobern. Fermi ist aber auch hier optimistisch! Ihm bereiten diese großen Zahlen keine Sorgen, sondern im Gegenteil – sie machen ihm Hoffnung.

Unsere Galaxie ist 10 Milliarden Jahre alt. Selbst mit einer kleinen Schrottsonde (sorry, NASA) wie der Parker Solar Probe könnte man sie mehrmals durchkämmen. Nimmt man an, dass wir schnellere Raumschiffe bauen könnten, würde es sogar noch fixer gehen. Zum Beispiel mit dem in den 50er-Jahren erdachten »Project Orion« – hier sollten kleine Atombomben am Heck des Raumschiffes detoniert werden, um es mit der Kraft der Explosion nach vorne zu schleudern und so zu beschleunigen. »Project Orion« sollte so bis auf ein Zehntel der Lichtgeschwindigkeit kommen, wird aber schon 1963 verworfen, weil das Testverbot von Kernwaffen in der Atmosphäre beschlossen wird. Besser so.

Das ist also der gedankliche Rahmen, in dem Fermi sein Paradox formuliert. Er denkt dabei an uns Menschen. Der Homo sapiens ist 300 000 Jahre alt. Wir haben so ziemlich jeden erdenklichen Winkel unseres Planeten kolonisiert. Es ist nicht unrealistisch, dass wir eines Tages dasselbe mit dem Weltraum tun werden. Elon Musks erklärtes Ziel ist es beispielsweise, die Menschheit noch während seiner Zeit auf der Erde zu einer multiplanetaren Spezies zu machen und den Mars zu besiedeln. Für Fermi, der in einer Periode unaufhörlichen Fortschritts aufwächst, scheint klar: In 1000 Jahren könnten wir unser Sonnensystem besiedelt haben. In 10 000 Jahren vielleicht die Galaxis.

Und das wieder würde bedeuten: Eigentlich müsste unsere Galaxie voll von Leben sein. Nur: Wieso ist es dann so still da draußen? Where is everybody?

Wenn wir jetzt noch davon ausgehen, dass wir nicht besucht wurden, was bedeutet das dann? Immerhin haben sich viele

Ufo-Sichtungen bisher als Wetterballons oder geheime Militärprojekte herausgestellt. Und wie geheim Militärprojekte sein können, das wissen die vier Erfinder der Atombombe zur Genüge. Ufo-Sichtungen sind damals wie heute unzuverlässig, die Bilder verschwommen, die Flugobjekte weit entfernt von den beobachtenden Menschen. Aliens sind eben noch nicht mitten in New York gelandet und haben »Hallo, wir sind Aliens von Rigel 7 und kommen in Frieden. Aber eure Mülltonnen finden wir sehr hübsch, können wir die mitnehmen?« gesagt. Wenn wir also davon ausgehen, dass wir nicht dauernd in Kontakt mit fremden Alien-Rassen treten, dass unsere Erde kein galaktischer Busbahnhof ist, dass wir *nicht* besucht wurden, dann muss es dafür eine Erklärung geben, schlussfolgert Fermi laut York folgendermaßen: »Möglicherweise ist interstellares Reisen unmöglich, oder wenn es möglich ist, wird es immer als nicht lohnenswert erachtet, oder technologische Zivilisationen bestehen nicht lange genug, um solche Besuche zu ermöglichen.«

Drake
(der Astronom und nicht der Rapper)

Das ist das Fermi-Paradoxon. Es geht davon aus, dass das Universum eigentlich voll sein müsste von Leben. Aber wir haben noch keine Beweise dafür gefunden.

Bevor wir uns einige mögliche Erklärungen anschauen, wieso wir bisher noch kein Leben da draußen gefunden haben, müssen wir noch einen weiteren wissenschaftlichen Zwischenstopp machen. Es wird kurz ein wenig nerdy, aber wenn man schon wie wir selbstbewusst eine neue Ufologie fordert, dann muss man kurz die echte Wissenschaft in den Blick nehmen. Was im Kopf von Fermi nur ein schnelles Überschlagen von Wahrscheinlichkeiten ist, wird von Frank Drake in eine simple Formel gebracht. Eine Formel, die auf den ersten Blick gar nicht simpel aussieht.

$$N = R_* \cdot f_p \cdot n_e \cdot f_l \cdot f_i \cdot f_c \cdot L$$

Bevor Sie jetzt schreiend das Buch zuklappen, weil Sie sich an den schlimmen Mathe-Unterricht der achten Klasse erinnert fühlen: keine Panik! Es ist wirklich sehr simpel und gleich vorbei, und wir erklären die Formel Schritt für Schritt. Aber zunächst die Frage: Wer ist dieser Frank Drake überhaupt?

Frank Drake war ein amerikanischer Astronom, der schon früh im Bereich der Radioastronomie arbeitet. 1959 liest er einen wegweisenden Artikel im Fachmagazin *Nature* mit dem Titel: »Searching for Interstellar Communications«. Darin argumentieren die beiden Autoren Cocconi und Morrison, dass es nur logisch wäre, wenn außerirdische Spezies auf einer Frequenz von 1420,4 Megahertz Signale senden würden. Denn diese Frequenz entspricht der Wellenlänge von Wasserstoff, dem am häufigsten vorkommenden Element im Universum. Drake liest diesen Artikel und ist begeistert. Die Idee, dass uns außerirdische Zivilisationen ein galaktisches Hallo per Radio schicken, war neu. Und gleichzeitig so naheliegend. Würden wir nicht dasselbe tun? Und da sind ja nicht nur die Signale, die mit Absicht geschickt werden. Jedes Radiosignal, das wir auf dieser Erde jemals verschickt haben, vom Staureport am Kamener Kreuz bis zum klassischen Konzert, bahnt sich unweigerlich einen Weg in den Weltraum. Und könnte irgendwann von verwirrten Aliens aufgeschnappt werden, die sich fragen, warum in Hamm-Bockum/Werne schon wieder alles stillsteht.

Im Jahr 1960 startet Frank Drake das erste moderne SETI-Experiment. SETI steht für »Search for Extraterrestrial Intelligence« und wird heute noch mit modernen Radioteleskopen durchgeführt. Er nennt seinen Versuch »Project Ozma«, benannt nach der Herrscherin über das fiktionale Land Oz. Vier Monate lang hört er die beiden sonnenähnlichen nahen Sterne Tau Ceti und Epsilon Eridani ab. Leider ohne Erfolg.

Es gibt neben Drake eine Handvoll Menschen, die genauso vernarrt in die Idee sind, extraterrestrisches Leben über Radiowellen zu finden. Genau gesagt: Es sind 12. Frank Drake will ein Meeting abhalten, bei dem sich alle einmal kennenlernen und über SETI-Probleme quatschen können. Er lädt also alle ein, und jeder von ihnen sagt zu. Aber es gibt noch ein Problem: Worüber genau sollen sie eigentlich reden? Was ist die Agenda? Als Drake versucht, diese zu formulieren, hat er zum ersten Mal die Idee für seine berühmte Formel. In einem Interview beschreibt er die Situation so: »Als ich das Treffen plante, wurde mir einige Tage im Voraus klar, dass wir eine Tagesordnung brauchten. Also schrieb ich alle Dinge auf, die man wissen musste, um vorherzusagen, wie schwierig es sein würde, außerirdisches Leben zu entdecken. Und als ich sie betrachtete, wurde ziemlich deutlich, dass, wenn man sie alle miteinander multiplizierte, man eine Zahl, N, erhielt, die die Anzahl der nachweisbaren Zivilisationen in unserer Galaxie darstellte. Dabei ging es um die Suche mittels Radiosignalen und nicht um die Suche nach primitiven oder urzeitlichen Lebensformen.«

Das ist also das mysteriöse N, das wir eben ganz am Anfang der Formel gesehen haben: die Anzahl der nachweisbaren Zivilisationen in unserer Galaxis. Dieses Zusammentreffen, das als »Green-Bank-Konferenz« in die Geschichtsbücher eingegangen ist, versuchte jeden Faktor der Drake-Gleichung nach und nach durchzusprechen, um am Ende zu einer genauen Zahl N zu kommen. Klingt ziemlich nerdy, ist es auch. Die Wissenschaftler hatten aber auch stellenweise einfach nur eine gute Zeit. Einem der Teilnehmer, Melvin Calvin, wurde während der Konferenz der Nobelpreis in Chemie verliehen – ein Umstand, der mit drei reingeschmuggelten Flaschen Champagner gefeiert wurde. Am Ende versteht man sich so gut, dass man der Gruppe einen offiziellen Namen gibt: der Delfinorden. Benannt nach dem Forschungsgegenstand von John C. Lilly, der nicht im Weltraum nach intelligentem Leben suchte, sondern hier auf der Erde. Die Ikone der Gegenkultur versuchte zeit seines Lebens mit Delfinen zu kommunizieren – was leider nicht funktionierte.

Aber ok ... Drücken wir uns nicht länger vor der Mathematik, erst recht, wenn sie so einfach ist. N haben wir gerade schon erklärt: Die Anzahl der Zivilisationen in unserer Galaxis, mit der wir kommunizieren können.

R_* steht für die mittlere Stern-Entstehungsrate pro Jahr in unserer Galaxie. Halt! Wir sehen ganz genau, dass Sie gerade weiterblättern wollten. Schnell was über Alien-Entführungen oder »Akte X« lesen. Aber wir gehen da jetzt gemeinsam durch, das ist wichtig. Also, weiter geht's. Unsere Galaxie ist voller Sterne. Manche von ihnen gehen ein, manche wiederum entstehen. Die Zahl R_* gibt einfach nur an, wie viele Sterne im Durchschnitt jedes Jahr dazukommen. In unserer Galaxie liegt diese Zahl irgendwo zwischen 1 und 2. Diese

Ungenauigkeit beim Ausfüllen der Drake-Gleichung wird uns jetzt noch häufiger begegnen. Viele Werte können wir nur näherungsweise ausfüllen.

f_p ist eine Bruchzahl. Hier suchen wir nach der Anzahl der Sterne, die tatsächlich auch Planeten in ihrer Umlaufbahn haben. Drake und seine Kollegen gehen im Jahr 1961 davon aus, dass etwa 20 bis 50 Prozent aller Sterne auch Planeten haben. Das ist heute widerlegt – inzwischen schätzt die Forschung, dass eigentlich jeder Stern auch einen Planeten hat. Also ist die Zahl 1. Und wenn man mit 1 multipliziert, kann man es gleich auch lassen. Also weg damit.

n_e ist die Zahl, die angibt, wie viele Planeten in einem Sonnensystem auch Leben beherbergen könnten. Könnten! Die Temperaturen auf dem Jupiter erreichen 1000 Grad, hier ist kein uns bekanntes Leben möglich. Wichtiger Hinweis an der Stelle: Sämtliche Forschung, die nach außerirdischem Leben sucht, geht immer von Lebensformen aus, die uns ähneln. Organisch, Sauerstoff atmend, mit Wasser als Lebensgrundlage. Unsere Suche nach Außerirdischen ist oft eine Suche nach uns selbst. Das ist der Astronomie natürlich bewusst und einigermaßen peinlich, aber Leben, das anders funktioniert als das auf unserem Planeten, können wir uns einfach nicht vorstellen. Schon jetzt ist die Suche nach Leben in der Galaxis eine Suche nach der Nadel im Heuhaufen. Wenn wir nun noch nicht einmal wissen, wie die Nadel aussieht, wird die Suche unmöglich.

1961 jedenfalls nimmt die Green-Bank-Konferenz an, dass drei bis fünf Planeten Leben beinhalten könnten. Das war … sehr optimistisch. Heute gehen Forscherinnen und Forscher eher von 0,4 Planeten pro Sonnensystem aus.

Kommen wir vom »könnten« zum »machen«. f_l ist die Zahl,

die benennt, wie viele dieser Planeten im Laufe ihrer Entwicklung auch Leben entwickeln werden. Auch hier nehmen Drake und Co. einen vollen Schluck aus der Pulle und sagen: 100 Prozent. »Und wenn wir schon dabei sind, dann entwickeln auch 100 Prozent von denen intelligentes Leben«, könnte man die Konferenz-Teilnehmer rufen hören, die schon mal die zweite Flasche Schampus köpfen. Denn intelligentes Leben ist die nächste Zahl f_i.

Wir haben doch gesagt: Die Rechnung ist einfach, erst recht, wenn viele der Faktoren eine 1 sind. Tatsächlich aber sorgen die beiden Variablen f_l und f_i immer wieder für Streit. Zum Beispiel ist Pascal Lee vom SETI-Institut überzeugt, dass f_i heutzutage bei 0,0002 stehen sollte. Immerhin dauerte es ewig, bis auf unserem Planeten intelligentes Leben entstanden ist. Auf dem Weg dorthin hätte einiges schiefgehen können. Andere Forscher wiederum haben eine – sagen wir mal – »et hätt noch immer jot jejange«-Haltung zur Evolution. Der Umstand, dass wir hier sind, trotz Untergang der Dinosaurier etc., zeigt, dass intelligentes Leben auf einer ewigen Zeitskala automatisch entsteht.

Ok, wir haben's fast. Es bleiben nur noch zwei Faktoren übrig. f_c ist die Zahl der intelligenten Zivilisationen, die Technologie entwickeln, die beobachtbare Signale in den Weltraum senden. Genauer gesagt: Radiowellen. Denn hier scheiden sich die Geister – was bedeutet kommunizieren genau? Auch in dieser Frage gehen wir nur von uns selbst aus. Nehmen wir alle Signale rein, die wir unwillkürlich ins Weltall blasen? Oder wollen wir nur mit Zivilisationen rechnen, die auch wirklich eine Botschaft senden wollen? Und dann das Letzte: L. L ist die Zahl in Jahren, die eine Zivilisation senden würde. Wenn wir in unsere eigene Geschichte schauen, dann sehen wir, dass große Zivilisationen auch untergehen können. Die Haltbarkeit von vielen geht nur in die Jahrhunderte, nicht in die Jahrtausende. Die Green-Bank-Konferenz ist auch hier optimistisch und rechnet mit 1000 bis 100 000 Jahren, die eine fremde Zivilisation tatsächlich senden könnte. Der Optimismus, der sich aus den Werten der Delfingesellschaft ableitet, folgt einem klaren Prinzip. Es geht als »kopernikanisches Prinzip« in die Geschichte ein. Damit ist der Gedanke gemeint, dass der Mensch im Universum keine hervorgehobene Stellung einnimmt. Wir sind unbedeutend, ein kosmischer Zufall in einem unendlichen Universum mit Millionen möglicher anderer Zufälle.

Die von Frank Drake organisierte Konferenz kommt auf weit abweichende Werte. »20 Zivilisationen gibt es in unserer Milchstraße«, ist zum Beispiel eine Antwort, »mindestens!«. Das passiert, wenn man nur die angenommenen Minimalwerte nimmt. Aber schon kleine Änderungen an manchen Faktoren lassen die Skala nach oben explodieren. Nämlich auf bis zu 50 Millionen. Jetzt muss man kein Mathematiker sein, um zu verstehen, dass 20 Zivilisationen etwas komplett anderes sind als 50 Millionen. Wenn ich 20 Euro hab, kann ich mir eine Pizza kaufen. Für 50 Millionen Euro kauf ich mir einen Pizzahersteller. Dass das eine unbefriedigende Antwort ist, weiß auch die Delfingesellschaft. Sie einigen sich deshalb auf einen Kompromiss: Vergiss die Gleichung, alles, was zählt, ist L. Hier versteckt sich nämlich der stärkste Multiplikator in der Gleichung – wenn wir annehmen, dass die meisten Werte gen 1 tendieren, dann is eh wurscht, und wir können sagen: Das Alter einer Zivilisation bestimmt ihre Anzahl. Das ist zwar irgendwie unintuitiv und falsch, aber da war die dritte Flasche Sekt schon auf.

Wir machen natürlich nur Spaß. Die Drake-Gleichung ist bis heute großer Zankapfel der SETI-Szene. Aber sie bringt ganz einfach auf den Punkt, wie riesig das Problem ist, vor dem wir stehen. Zu viele Variablen verwässern das Ergebnis. Und immer wieder landen wir mathematisch beim Fermi-Paradoxon. Wenn es 50 Millionen Zivilisationen gibt: »Wo sind denn nur alle?«

Wo sind denn alle?

Immerhin bietet die Drake-Gleichung eine wissenschaftliche Methode zu erklären, wieso wir so verdammt alleine im Universum zu sein scheinen. Denn verschiedene Erklärungsmöglichkeiten für das Fermi-Paradoxon greifen die unterschiedlichen Faktoren an. Und diese Erklärungen rangieren von »Joa, da wär ich jetzt auch drauf gekommen« bis Hardcore-Sci-Fi.

Der große Filter

Zum Beispiel die Idee des »Großen Filters«, eine der liebsten Erklärungen für das Ausbleiben von Alien-Kommunikation. Dahinter verbirgt sich die Annahme, dass es in der Entwicklung von Zivilisationen Nadelöhre gibt, die interstellare Raumfahrt schwierig machen. Zum Beispiel könnte es zwar Leben auf fremden Planeten geben, aber das Leben ist nicht so intelligent, dass es auf die Idee kommt, einen

Haufen Kerosin anzuzünden und gen Himmel zu schicken. Oder: Es existiert eine intelligente Zivilisation, doch diese zerstört sich selbst, bevor sie es schafft, eine multiplanetare Spezies zu werden. Eine Annahme, die angesichts von Klimawandel, ständigen Kriegen und Atomwaffen, die ausreichen würden, die Erde mehrmals zu zerstören, nicht von der Hand zu weisen ist. Es ist übrigens nicht überraschend, dass das erste Gespräch zum Fermi-Paradoxon in der Kantine von Los Alamos stattfindet. Vier Männer, die dabei geholfen haben, die tödlichste Waffe seit Menschengedenken zu erfinden, kommen eher auf die Idee, wie andere Zivilisationen es wohl schaffen, zu überleben, als andere.

Die Rare-Earth-Hypothese

Im Jahr 2000 haben die beiden Forscher Peter D. Ward und Donald Brownlee in ihrem Buch »Rare Earth: Why Complex Life is Uncommon in the Universe« eine neue Erklärung für das Fermi-Paradoxon formuliert. Sie setzt dem kopernikanischen Prinzip, das Drake und Co. gedanklich geleitet hat, eine neue Zahl entgegen. Nämlich wie verdammt unwahrscheinlich unsere eigene Existenz ist. Ward und Brownlee zählen in ihrem Buch mehrere Faktoren auf, die alle nur auf die Erde zutreffen und unser Leben erst möglich machen. Dazu gehört zum Beispiel unsere Lage in der Galaxie, die innerhalb der »galaktisch habitablen Zone« liegt. Diese Zonen hängen von der Entfernung zum Zentrum unserer Galaxie ab und werden manchmal auch Goldlöckchen-Zonen genannt, nach dem im amerikanischen Raum bekannten Märchen »Goldlöckchen und die drei Bären«. Denn in diesem Märchen findet Goldlöckchen nur Dinge, die genau richtig sind. Der Brei nicht zu heiß, nicht zu kalt, das Bett nicht zu hart und nicht zu weich. Laut Ward und Brownlee sind wir Menschen das Goldlöckchen unserer Galaxie. Unser Sonnensystem hat genau den richtigen Abstand zum Zentrum, denn hier ist zum Beispiel die Strahlung aus dem Schwarzen Loch im Zentrum der Milchstraße schwächer. Außerdem entstehen hier eher Planeten, die erdähnlich sind – Planeten in der Goldlöckchen-Zone neigen eher dazu, komplexe Elemente zu bilden. Dazu kommen noch zahlreiche andere Faktoren, zum Beispiel ein großer Mond, eine Plattentektonik oder das Vorhandensein eines Planeten, der die Größe des Jupiters hat, um Asteroideneinschläge abzufedern. Wer eben ein bisschen aufgepasst hat, weiß, dass Ward und Brownlee hier ans Eingemachte der Drake-Gleichung gehen. Sie stellen sogar eine eigene Rare-Earth-Gleichung auf, um erdähnliche Planeten zu finden. Sie rechnen diese zwar nicht aus, aber selbst bei großzügigen Schätzwerten ist die Wahrscheinlichkeit von Leben nahe null.

Es gibt innerhalb der Wissenschaft viele Verfechter der Rare-Earth-Hypothese. Auch wenn diese seit Erscheinen unter Beschuss von Kritikern steht, die einige ihrer zentralen Thesen ins Visier nehmen. Zum Beispiel das Vorhandensein eines Mondes oder eines Gasriesen in Jupiter-Größe. Neuere Forschungen zeigen, dass Monde viel häufiger sind, als im Jahr 2000 noch angenommen. Sie zeigen auch, dass der Jupiter sogar mehr Asteroideneinschläge hervorgebracht als verhindert haben könnte. Und dann ist da noch der sogenannte Kohlenstoffchauvinismus. Das ist das schöne Fachwort für den Umstand, dass Vertreter der Rare-Earth-Hypothese vom Menschen als Goldstandard für intelligentes Leben ausgehen. Kritiker unterstellen ihnen mangelnde Fantasie für neue, unbekannte Lebensformen.

Wir kommen nicht umhin, in diesen beiden Ideologien dahinterliegende Formen von Religiosität zu sehen. Die Vertreter der Rare-Earth-Hypothese versuchen mathematisch das Alleinstellungsmerkmal des Menschen zu zementieren – egal ob bewusst oder unbewusst. Währenddessen sind die Vertreter aus dem Drake-Lager viel pantheistischer unterwegs. Sie sehen den Menschen nicht als Krone der Schöpfung, sondern erkennen die Schöpfung in allem, das Wunder intelligenten Lebens kann sich für sie in ganz unterschiedlichen Formen darstellen. Wir sagen »wir kommen nicht umhin«, weil natürlich wenige Astronomen ihre persönlichen Vorannahmen über die Welt in die Präambel von Studien schreiben. Mit wenigen Ausnahmen, zum Beispiel Albert Einstein. Seine »kosmische Religion«, wie er es selbst nannte, könnte die Kritik an der Rare-Earth-Theorie gut beschreiben: »Religiosität liegt im verzückten Staunen über die Harmonie der Naturgesetzlichkeit, in der sich eine so überlegene Vernunft offenbart, dass alles Sinnvolle menschlichen Denkens und Anordnens dagegen ein gänzlich nichtiger Abglanz ist.« Denn im Grunde läuft in einem Wissenschaftsbereich, in dem Gleichungen mit Variablen gefüllt werden, die wegen mangelnden Daten genauso gut gewürfelt werden könnten, alles auf eins hinaus: Glauben.

Die »Warum soll ich denn in den Hunsrück«-Theorie

Der Hunsrück in Rheinland-Pfalz ist wunderschön, voller netter und eigentümlicher Menschen, und ein Besuch lohnt sich immer. Trotzdem gehört der Hunsrück jetzt nicht zu den heißesten Reisedestinationen in der Gegend – immer wieder wird er abhängt von den wunderschönen Weinbergen der

Mosel oder den Vulkanseen der Eifel. Da kann der Hunsrück noch so sehr das Radfahren oder Wandern oder das Telefonmuseum in Morbach mit der weltgrößten Sammlung an Fernsprechapparaten bewerben – seinen Jahresurlaub will dort niemand verbringen. Was wäre, wenn unsere Erde so etwas wie der Hunsrück der Galaxie wäre? Total hübsch, voller interessanter Persönlichkeiten, aber … einfach echt weit weg und dann doch nicht interessant genug.

Diese Theorie baut darauf auf, dass es für intelligente Zivilisationen einfach nicht lohnenswert ist, bei uns vorbeizuschauen. Denn woanders ist geiler. Hinzu kommt in dieser Theorie noch ein zweiter Gedanke, der Fermis Gedankenspiel in einer Grundannahme infrage stellt. Denn auch wenn intelligente Zivilisationen theoretisch mit Raumschiffen, die nicht die Lichtgeschwindigkeit erreichen, das Universum kolonisieren können … Warum sollten sie das tun? Die Weiten, die sie zurücklegen müssten, um uns zu erreichen, könnten zu groß sein. Es ist einfach nicht ökonomisch, so weit in die Galaxie vorzudringen. Denn was ja zählt, ist nicht der Abstand zwischen Sonnensystemen, sondern der Abstand zwischen Exo-Planeten, die man auch bewohnbar machen kann. Also wird kein Blinker für den Hunsrück gesetzt.

Moment … Wollen wir überhaupt besucht werden?

All die obigen Erklärungen gehen wie selbstverständlich davon aus, dass es etwas Tolles wäre, zu wissen, dass wir nicht allein im Universum sind. Eine existenzielle Frage des Lebens weniger, um die wir uns kümmern müssen. Bleiben nur noch »Wieso verschwinden meine Socken in der Waschmaschine?« oder »Warum sitzt meine Katze immer auf der ~~Tastatunnnnnjjjjjjjferwfhwwifrsjkldf~~ Tastatur, wenn ich eigentlich arbeiten muss?«. Es könnte doch auch sein, dass fremde Zivilisationen uns feindlich gesinnt sind. Hier kommt eine Hypothese aus der Science-Fiction zum Tragen, die unsere Sicht auf das Universum infrage stellt.

Die Dunkler-Wald-Hypothese

Die Dunkler-Wald-Hypothese geht davon aus, dass im Universum eine Vielzahl von intelligenten Zivilisationen existieren kann, aber dass sie sich gegenseitig als potenzielle Bedrohung wahrnehmen. Angesichts der Unberechenbarkeit und möglichen Aggressivität anderer Zivilisationen könnten sie beschließen, ihre Präsenz zu verschleiern und keine Signale oder Kommunikation zu senden, um nicht als lohnendes Ziel entdeckt zu werden. Die Idee basiert auf der Annahme, dass Konflikte zwischen hochentwickelten Zivilisationen potenziell zerstörerisch sein könnten und die Überlebensfähigkeit einer Zivilisation gefährden würden.

Diese Theorie geht zurück auf die »Trisolaris«-Trilogie des chinesischen Autors Cixin Liu, in der wir Menschen Kontakt mit einer Alien-Zivilisation aufnehmen, die daraufhin unseren Planeten auslöschen will. Im zweiten Buch entwickelt die Figur Ye Wenjie eine Theorie, die aus zwei Grundgedanken besteht: 1) Das Überleben ist das primäre Bedürfnis von Zivilisationen. 2) Zivilisationen wachsen und expandieren kontinuierlich, während die gesamte Materie im Universum konstant bleibt. Die begrenzten Ressourcen werden letztendlich dazu führen, dass sich Zivilisationen gegeneinander behaupten müssen, während sie alle darum kämpfen, ihr Wachstum aufrechtzuerhalten. Diesen Grundannahmen fügt Ye Wenjie – beziehungsweise ihr Autor Cixin Liu – noch weitere Gedanken hinzu: Zivilisationen können grundsätzlich entweder bösartig oder wohlwollend sein, was von verschiedenen Faktoren abhängt. Bösartige Zivilisationen neigen aufgrund ihrer Natur und ihres Strebens nach Territorium, Ressourcen usw. dazu, andere anzugreifen.

Im Gegensatz dazu neigen wohlwollende Zivilisationen nur dann dazu, andere anzugreifen, wenn sie sich bedroht fühlen. Treffen sie jedoch auf Zivilisationen, mit denen sie nur sehr schwer kommunizieren und deren Absichten sie nicht einschätzen können, werden sie natürlich überlegen, ob es besser ist, zum Erstschlag auszuholen. Ist eine offene Kommunikation möglich, können Konflikte vermieden und Spannungen abgebaut werden. Aufgrund der enormen Zeitverzögerung bei der interstellaren Kommunikation ist es jedoch unwahrscheinlich, dass Zivilisationen, die Lichtjahre voneinander entfernt sind, ihre Ängste schnell abbauen können. So entsteht eine Kette des Misstrauens, in der beide Seiten überlegen, ob es klug wäre, zuerst anzugreifen, bis schließlich eine Seite tatsächlich angreift.

Wenn wir alle diese Dinge als gegeben wahrnehmen, würden galaktische Zivilisationen gut daran tun, mucksmäuschenstill zu sein. Liu schreibt: »Das Universum ist ein dunkler Wald. Jede Zivilisation ist ein bewaffneter Jäger, der wie ein Geist zwischen den Bäumen umherstreift, vorsichtig störende Zweige aus dem Weg schiebt und versucht, geräuschlos aufzutreten und so leise wie möglich zu atmen. Der Jäger muss vorsichtig sein, denn überall im Wald lauern andere Jäger wie er. Stößt er auf anderes Leben, egal ob es sich dabei um einen anderen Jäger, einen Engel oder einen Teufel, ein neugeborenes Baby oder einen alten Tattergreis, eine Fee oder einen Waldgeist handelt, bleibt ihm nichts anderes übrig, als es auszuschalten. In diesem Wald sind die Hölle die anderen Lebewesen.«

SETI vs. METI

Die Dunkler-Wald-Hypothese stammt aus der Science-Fiction, aber die Gedanken dahinter beschäftigen auch die Wissenschaft. Frank Drake und seine Kollegen vom Delfinorden haben vor mehr als einem halben Jahrhundert die Fachrichtung SETI begründet. Also »Search for Extra-Terrestrial Intelligence«, wir hatten es ja bereits erwähnt. Der russische Astronom Alexander Zaitsev dachte im Jahr 2005, es wäre Zeit für ein kleines Update und schlug den Begriff METI vor: »Messaging to Extra-Terrestrial Intelligence«, auch bekannt als »Active-SETI«. Er plädiert dafür, dass wir eine Nachricht zu fremden Sternen schicken, praktisch unsere galaktische Position durchgeben, um dann wiederum eine Antwort zu bekommen. Warum die Nadel im Heuhaufen suchen, wenn man auch einfach der Nadel sagen kann, wo man ist?

Das Konzept METI hat – verständlicherweise – für jede Menge Ärger gesorgt. Im Speziellen aufgrund der Dunkler-Wald-Hypothese und anderen Erklärungen für das Fermi-Paradoxon, die davon ausgehen, dass Aliens eben nicht gutmütig sind. Sie alle klingen ähnlich, zum Beispiel die Berserker-

Hypothese, die glaubt, dass fremde Zivilisationen beim ersten Aufmucken einer neuen Spezies galaktische Drohnen vorbeischicken, die den sendenden Planeten zerstören. »Wo sind denn alle?« wird hier mit »von einem Todesstern vaporisiert« beantwortet. Entsprechend clashen in der Frage METI vs. SETI auch zwei unterschiedliche Forschertemperamente aufeinander. Während die einen das aktive Rufen in den dunklen Wald als coole wissenschaftliche Challenge verstehen, fürchten die anderen sich vor der Ankunft der Killerdrohnen. Wer hat gesagt, dass Wissenschaft keinen Spaß macht!

Der Streit eskaliert im Jahr 2015 auf der Jahrestagung der »American Association for the Advancement of Science«. Beide Lager haben im Vorfeld ihre Promis in Stellung gebracht. Das Anti-METI-Lager hat Namen wie Elon Musk auf seiner Seite. In einer Petition fordern er und weitere Prominente wie der Wissenschaftsautor George Dyson, dass die internationale Gemeinschaft erst mal darüber debattieren soll, ob eine Nachricht an fremde Sterne eine gute Idee ist. Das andere Lager, angeführt von Douglas Vakoch, sagt, dass wir ohnehin schon den ganzen Tag Nachrichten ins All senden, ohne es zu wollen. Vakoch ist zu der Zeit zwar schon im METI-Lager, aber arbeitet noch bei SETI. Ja, das ist alles sehr Highschool-Drama, geben wir zu. Jedenfalls: Vakoch meint, dass wir eh schon TV-Übertragungen, Radiowellen, Funk etc. ins All senden. Dann können wir es jetzt auch gescheit machen. Und dieses Lager um Vakoch hat tatsächlich auch die Geschichte auf seiner Seite. Die NASA hat 2008 den Beatles-Song »Across the Universe« zum Polarstern gebeamt. 1977 wurde der Weltraumsonde Voyager eine goldene Schallplatte beigelegt. Auf ihr sind Tonaufnahmen der Erde gesichert und die Position unseres Planeten festgehalten. Schon im Jahr 2012 hat sie unser Sonnensystem verlassen und ist seitdem auf dem Weg zu den Sternen. »Hello from the children of planet earth«, heißt es auf der Schallplatte. Und die direkteste Nachricht an mögliche Aliens kam von Frank Drake selbst. 1974 codierte er eine kleine Grafik als Binärcode, welche dann vom Arecibo-Teleskop zum Stern M13 geschickt wurde.

Auf der hitzigen Konferenz im Jahr 2015, die unter anderem dazu führt, dass Douglas Vakoch das SETI-Institut verlässt, ist Frank Drake übrigens auch anwesend. Inzwischen 84 Jahre alt, hört er sich den Gelehrtenstreit geduldig an, wie es aus Zeitungsberichten heißt. Er hat sein gesamtes Forscherleben nach außerirdischen Intelligenzen gesucht und keine gefunden. Vielleicht lässt sich so erklären, dass er nun auf keiner der beiden Seiten steht. Denn Drake weiß, wie verdammt groß das Universum ist: »Die Wahrscheinlichkeit, Erfolg zu haben, ist unendlich klein«, sagt er über seine Arecibo-Nachricht. Warum er es trotzdem gemacht habe? Neugierde. Denn es könne ja sein, dass unsere Zivilisation in 25 000 Jahren längst untergegangen ist, galaktische Archäologen dann aber wissen: Da war mal jemand.

SETI und METI – beide Forschungsfelder sind Bewältigungsmechanismen für die existenziellste Frage des Menschseins. Während die einen in stiller Hoffnung in die Nacht reinhorchen, versuchen die anderen, laut in die Himmel zu schreien. Der Gegner beider Vorhaben: die Unendlichkeit des Raums, die einen fast zum Anhänger der Simulationshypothese werden lässt. Diese ist ein weiterer Ausweg aus dem Fermi-Paradox. Ein Gedankenexperiment, das davon ausgeht, dass wir nicht wirklich existieren, sondern in einer Computersimulation leben. Frank Drake hat leider zeit seines Lebens keine fremden Zivilisationen gefunden. Der große SETI-Forscher stirbt im Jahr 2022 im Alter von 92 Jahren.

Douglas Vakoch hingegen ruft immer noch nach Aliens. Im März 2017 entdeckt die internationale Forschergemeinde einen vielversprechenden Exoplaneten, der den blumigen Namen GJ 273b trägt. Er ist einer der erdähnlichsten Planeten, die wir bisher gefunden haben, und sogar der viertnächste. Von Oktober 2017 bis Mai 2018 schickt Vakoch eine Nachricht über 32 Meter große Antennen ins All. Sie beginnt mit einem kurzen Hinweis zur Entschlüsselung und dann … Musik. Denn die Nachricht ist ein Marketing-Gag für das Sónar-Festival in Barcelona. Das feiert im Jahr 2018 nämlich 25-jähriges Bestehen und lässt seine Künstler kurze Songs aufnehmen. Unter anderem sind Indie-Darlings wie Kate Tempest, Jean-Michel Jarre, The Black Madonna und Ólafur Arnalds dabei. Im Jahr 2030 wird die Nachricht den Planeten erreichen – wenn eine fremde Zivilisation gleich eine Antwort schicken will, kommt diese dann im Jahr 2043 an, zum 50-jährigen Bestehen des Festivals. Wenn also 2043 eine fremde Alien-Horde unseren Planeten zerstört und uns als Zootiere mit zurück nach GJ 273b nimmt, wissen wir: Kate Tempest ist schuld.

Ufo-Entführungen: This is where it gets crazy

Aber noch hat Kate Tempest uns den Aliens nicht ans Messer geliefert. Noch dürfen wir an lauen Sommerabenden im Biergarten sitzen und auf dem Heimweg etwas angetüdelt in den Himmel schauen. Wir sehen die Sterne, weil deren Photonen erst Millionen von Lichtjahren durchs All geflogen sind, um dann auf unserer Retina zu landen und von dort aus ein elektrisches Signal in unser Gehirn zu schicken. Man kann sagen, dass das ja alles nur schöne physikalische oder chemische Mechanismen sind. Man kann aber auch sagen, dass das einfach echt super dope ist. Wenn wir uns fragen, warum wir dieses Buch schreiben, was uns eigentlich an diesem Thema so fasziniert, dann ist es oft genau das: Dass das Ufo-Thema auf der einen Seite so groß ist, so erhaben, dass es um die wichtigste Frage überhaupt geht für uns als Spezies: Sind wir alleine im Universum? Und dann wird es wieder ganz klein, ganz menschlich. Wir lesen dann zum Beispiel, dass die meisten Ufos von Männern gesehen werden, die abends auf dem Balkon eine rauchen und in den Himmel schauen, das elektrische Signal der Photonen auf die Linse geballert kriegen und an ihr Gehirn weiterschicken, und das Gehirn dann sagt: Was bitte soll das denn sein? Das Ufo-Thema verbindet das Universelle mit dem Persönlichen. Und das wird bei kaum einem anderen Aspekt so deutlich wie bei dem Phänomen der Ufo-Entführungen. Denn hier wird es kosmisch – und zugleich intim. Sehr intim.

Betty und Barney Hill

An einem Abend im September 1961 sind Betty und Barney Hill mit ihrem Dackel Delsey auf der Rückfahrt von einem Kurzurlaub in Kanada. Sie haben das pulsierende Montreal besucht und die majestätischen Niagarafälle bewundert. Jetzt sehnen sich die beiden nach der Geborgenheit ihres eigenen Bettes in Portsmouth, New Hampshire.

Betty und Barney sind ein außergewöhnliches Paar für ihre Zeit – fortschrittlich und aufgeklärt. Sie ist weiß, er ist schwarz, und für beide ist das völlig normal. Für andere aber nicht. Häufig wird hinter ihrem Rücken getuschelt, und auch während ihres Kurztrips ernten die weiße Hausfrau und der schwarze Postangestellte missbilligende Blicke. Doch die Hills, selbstbewusste Unterstützer der Bürgerrechtsbewegung, lassen sich davon nicht beirren.

Das Ehepaar ist gerade auf halbem Weg zurück, als es südlich von Lancaster, New Hampshire, zwischen 22 und 23 Uhr einen leuchtenden Punkt am Himmel bemerkt. Ein Satellit, denkt Barney. Eine Sternschnuppe, mutmaßt Betty. Doch das Licht bewegt sich in wilden, unvorhersehbaren Bahnen, die weder ein Flugzeug noch eine Sternschnuppe nachahmen können. Die Hills halten an einem Rastplatz, Betty lugt durch ein Fernglas und erkennt ein merkwürdig geformtes, farbenprächtig strahlendes Flugobjekt.

Das Paar steigt wieder ins Auto und fährt weiter. Doch als die Hills den Pass Franconia Notch in die White Mountains passieren, scheint das merkwürdige Licht ihnen zu folgen. Kurze Zeit später schwebt das Licht, das Barney später als riesigen Pfannkuchen beschreiben wird, dicht vor ihnen in der Luft und kommt zum Stillstand. Barney tritt auf die Bremse und dann … Filmriss.

Die Hills erwachen erst am nächsten Tag, immer noch im Auto, jedoch gut 56 Kilometer entfernt von der Stelle, an der der riesige Pfannkuchen über der Straße geschwebt hatte. Verwirrt fährt das Paar nach Hause. Dort angekommen, stellen die beiden fest, dass etwas nicht stimmt. Ihre Armbanduhren sind stehen geblieben, und sie fühlen sich irgendwie seltsam. Im Bad checkt Barney kurz, ob »unten herum noch alles dran« ist. Hinzu kommen verstörende Albträume. Immer wieder träumt Betty, dass sie mit Barney im Auto unterwegs ist und an einer Straße von »kleinen Männern« angehalten wird.

Das ist sie also, die berühmte Geschichte von Betty und Barney Hill, oder zumindest deren Anfang, die gerne als die erste Entführung durch Außerirdische beschrieben wird. Was den Hills in jener Nacht widerfahren ist, insbesondere während der »verlorenen Zeit« zwischen dem Ufo über der Straße und ihrem Erwachen im Auto, das werden sie erst Jahre später herausfinden. Unter Hypnose. Oder genauer: Mittels hypnotischer Regression, bei der Menschen unter Hypnose zu Momenten zurückgeführt werden, an die keine bewusste Erinnerung besteht. Durchgeführt wird die Hypnose von Doktor Benjamin Simon, den das Paar eigentlich wegen Eheproblemen aufgesucht hat.

Unter Hypnose erinnern sich die beiden plötzlich: Kleine Wesen mit heller Haut, großen Köpfen und hautengen schwarzen Overalls haben sie an jenem Abend mitgenommen – in einem Raumschiff. Dort wird das Paar getrennt und untersucht. Den beiden werden Proben von Haaren, Fingernägeln und der Haut entnommen. Betty wird eine lange Nadel in den Bauchnabel gesteckt und Barney durch ein Sauggerät Sperma abgepumpt. Eines der Wesen zeigt Betty auf einer projizierten Karte, wo sie herkommen. Betty zeichnet die Karte später etwas unbeholfen nach. Sie besteht im Wesentlichen aus Punkten, die durch Linien miteinander verbunden sind, und interstellare Handelsrouten oder häufig befahrene Strecken darstellen sollen. In den 1960er-Jahren behauptet eine Frau namens Marjorie Fish, die Karte entschlüsselt zu haben. Die Aliens kommen demnach vom Doppelstern Zeta Reticuli, gut 39 Lichtjahre von der Erde entfernt im Sternbild Netz.

Die Hypnosesitzungen der Hills werden auf Tonband aufgezeichnet, und zumindest Teile davon gelangen später an die Öffentlichkeit. Auf den Aufnahmen klingen die Hills verängstigt und aufgewühlt. Barney wirkt über Teile der Sitzung sogar vollkommen panisch, er schreit und schluchzt. Die Ereignisse in jener Nacht behalten die Hills für sich, nur einigen Freunden und Mitgliedern ihrer Kirche erzählen sie davon. Öffentlich wird der Fall erst 1965 durch einen Reporter, der an die Aufzeichnungen des Arztes gelangt und darüber berichtet.

Die Geschichte ist eine Sensation. Zeitungen, Magazine und das Fernsehen bringen nun die Story über das Paar und provozieren damit eine regelrechte Welle von Entführungsmeldungen. Tausende Menschen berichten in den kommenden Jahren davon, von Außerirdischen entführt worden zu sein. Viele der Geschichten ähneln den Beschreibungen der Hills auf verblüffende, ja sogar auf verdächtige Art und Weise.

Allerdings gibt es auch andere Storys, und viele davon wären durchaus ein eigenes Buch wert. Gleichzeitig tauchen bestimmte Themen und Interpretationen immer wieder auf. Deshalb konzentrieren wir uns auf sieben Fälle, die wir für besonders erwähnenswert halten.

Erwähnenswerte Alien-Entführungen Teil 1: Antônio Vilas-Boas

Da ist zum Beispiel die Geschichte von Antônio Vilas-Boas. Der frühere Farmer und spätere Rechtsanwalt behauptet bereits 1957, mit Aliens zu tun gehabt zu haben. Im Alter von 23 Jahren habe er nachts im west-brasilianischen São Francisco de Sales das Feld gepflügt, als plötzlich ein roter Stern am Himmel aufgetaucht sei. Der merkwürdige Himmelskörper sei immer größer und heller geworden und habe sich dann in ein eiförmiges Objekt verwandelt, das auf drei Stelzen im Acker aufgesetzt sei. Vilas-Boas bekommt es mit der Angst zu tun und will erst mal einfach nur weg, doch dann wird er von einem kleinen Wesen geschnappt. Das blauäugige Alien soll in einem grauen Overall gesteckt haben, auf dem Kopf ein Helm. Schnell seien zwei weitere Aliens aufgetaucht und hätten den Brasilianer in das Ufo gezogen.

An Bord ziehen die Kreaturen den brasilianischen Bauern aus, zapfen ihm Blut ab und schmieren ihn mit einem Gel ein. Und jetzt wird es erotisch. Vilas-Boas wird in einen Raum gesperrt und hat Sex mit einer attraktiven Alien-Frau, die aber fast wie ein Mensch aussieht. Nach dem Koitus gibt es von den Außerirdischen die Klamotten zurück, und der junge Mann wird aus dem Raumschiff geführt. Vilas-Boas versucht auf dem Weg nach draußen noch ein bisschen Alien-Technologie mitgehen zu lassen, ein »uhrenähnliches Gerät«, damit man ihm sein Erlebnis auch wirklich glaubt, aber nix da. Die Aliens nehmen ihm das Teil wieder ab.

Erwähnenswerte Alien-Entführungen Teil 2: Linda Porter

Rund zwei Jahre nach den Hills wird Linda Porter das erste Mal von außerirdischen Wesen gekidnappt. Und seitdem immer wieder. »Unzählige Male« sei sie an Bord von Raumschiffen gebracht worden. Kleine Männchen mit großen Köpfen seien das gewesen, aber Porter berichtet auch über zwei große, insektoide Kreaturen, die Gottesanbeterinnen gleichen. Ihre Begegnungen hält sie auf Dutzenden farbenfrohen Bildern fest, die sie mit Holzmalstiften zeichnet. Laut Porter hätten die Aliens einen Plan – und sie sei ein kleiner Teil davon. Denn Menschen würden eine Seele besitzen, Außerirdische aber nicht. Und so wären die Aliens besessen davon herauszufinden, wo die Seele herkommt und was nach dem Tod eines Menschen aus ihr wird. Dinge also, die vermutlich auch viele von uns Menschen brennend interessieren würden.

Erwähnenswerte Alien-Entführungen Teil 3: Charles Hickson & Calvin Parker

Im Jahr 1973 werden angeblich der 42 Jahre alte Charles Hickson und der 19-jährige Calvin Parker von Aliens entführt, als sie am Pascagoula River im US-Bundesstaat Mississippi angeln. Zunächst sehen sie blinkende Lichter und hören ein schwirrendes Geräusch. Dann erscheint ein riesiges ovales Objekt vor ihnen über dem Wasser, aus dem drei Kreaturen schweben. Merkwürdig hätten die ausgesehen: schrumpelige, lederartige Haut, Krabbenzangen statt Hände und fleischige Hörnchen, wo eigentlich Mund und Nase hingehören. Die Wesen, die sich roboterhaft bewegen, hätten sie paralysiert, in das Raumschiff geschleppt und sie »sehr gründlich« untersucht, wie Parker später erzählt. Als die Aliens fertig sind, werden Hickson und Parker einfach wieder am Flussufer abgesetzt. Hickson nimmt erst mal drei große Schlucke aus einer Schnapsflasche, um seine Nerven zu beruhigen. Erst dann können sich die beiden zum Sheriffbüro von Jackson County aufmachen, um den verdutzten Polizeibeamten zu erzählen, was passiert ist.

Erwähnenswerte Alien-Entführungen Teil 4: David Huggins

Zu den bemerkenswertesten Alien-Entführungen gehört wohl die von David Huggins. Der 17-Jährige wandert 1961 durch den Wald nahe der Farm seiner Eltern im US-amerikanischen Georgia – und dann passiert es. Eine außerirdische Besucherin lauert dem jungen Mann auf. Das grauhäutige Wesen mit den schwarzen Mandelaugen, der kleinen Nase, dem zierlichen Mund, den schwarzen Haaren und den langen Fingern habe den Briten umgehend verführt. Huggins verliert an jenem Tag seine Unschuld und pflegt mit der Alien-Dame namens »Crescent« seither eine Art On-off-Beziehung. Aus den Erinnerungen an diese Zusammentreffen erschafft Huggins später surreale Alien-Porno-Kunst in Aquarell. Auf einem dieser Bilder sieht man, wie ein Mensch an der Brust eines weiblichen Außerirdischen nuckelt, auf einem anderen probieren das Menschen-Männchen und das Alien-Weibchen mitten im Wald die Missionarsstellung aus.

Mit der Zeit verlegt Huggins in seinen Erzählungen den Moment seines ersten Aliens-Kontaktes immer weiter nach vorne. Ständig kämen einstmals unterdrückte Erinnerungen wieder hoch. Seine Affäre mit Crescent, die übrigens mehrere Alien-Mensch-Hybriden hervorgebracht haben soll, sei nicht sein erstes Zusammentreffen mit Außerirdischen gewesen. Bereits seit seinem achten Geburtstag hätten ihn immer wieder verschiedenste Geschöpfe besucht. Darunter eine kleine Kreatur, die über und über mit dicken Haaren bedeckt gewesen sei, ein übergroßes Insekt und natürlich die kleinen grauen Normcore-Aliens, die immer wieder beschrieben werden. Mal hätten die Außerirdischen ihn mitgenommen, um ihn, ja, Sie ahnen es bereits, »zu untersuchen«. Und manchmal, da hätten sie einfach nur mit ihm geplaudert.

Erwähnenswerte Alien-Entführungen Teil 5: Pier Fortunato Zanfretta

In unserem kleinen Best-of der Alien-Entführungen darf natürlich auch der Italiener Pier Fortunato Zanfretta nicht fehlen, der einer der meistentführtesten Menschen des Planeten sein dürfte. Zwischen 1978 und 1981 wird der Wachmann angeblich ganze elf Mal gekidnappt, das erste Mal am 6. Dezember 1978. Zanfretta macht seine Runde im Dorf Marzano in Norditalien, als sein Wagen nahe einer Villa plötzlich stehen bleibt. Zanfretta sieht einige merkwürdige Lichter und

179

denkt zunächst, es wären Einbrecher. Stattdessen trifft er auf mehrere rund drei Meter große Kreaturen mit grüner Haut und seltsamen Hörnern an den Seiten ihrer Köpfe. Der Wachmann versucht zu fliehen, dann sieht er noch ein dreieckiges Fluggerät mit hellen Lichtern am Himmel schweben. Filmriss. Zanfretta wacht verwirrt auf einer Wiese auf, wo ihn zwei Kollegen finden.

Journalisten entdecken später im Boden einen merkwürdigen Abdruck, und tatsächlich berichten Einwohner der Gegend, an diesem Abend ebenfalls seltsame Lichter gesehen zu haben. Zanfretta sagt, die Aliens seien immer wieder zurückgekommen, um ihn mitzunehmen. Wie die Hills erinnerte auch er sich erst unter Hypnose an sein Martyrium. In einer Fernsehübertragung und unter Einfluss der »Wahrheitsdroge« Pentothal erzählte Zanfretta, dass er von den Aliens verhört und, ja genau, untersucht wurde, die von »der dritten Galaxie« kämen. Sie wollten eine Stadt auf der Erde errichten, weil ihr Planet explodiert sei.

Erwähnenswerte
Alien-Entführungen Teil 6:
Jonathan Lovette

Einer der verstörendsten Entführungsfälle ist der sogenannte Lovette-Cunningham-Zwischenfall, der im Report Nr. 13 des Ufo-Untersuchungsprojektes »Project Grudge« der US-Air Force aufgeführt wird. An einem Abend im März 1956 sollen die Soldaten Jonathan Lovette und William Cunningham unweit der White Sands Missile Test Range in New Mexico verstreute Wrackteile von einem Raketentest dokumentieren und bergen. Während der Arbeit hörte Cunningham plötzlich einen Schrei von der anderen Seite einer Düne, wo Lovette sich gerade aufhielt.

Cunningham denkt zunächst, Lovette könnte von einer Schlange gebissen worden sein, und rennt auf die Düne. Dort sieht er, wie sein Kollege von einem Greifarm in eine riesige silbrig glänzende Untertasse gezogen wird. Cunningham meldet den Vorfall, aber niemand glaubt ihm. Lovette jedoch ist und bleibt verschwunden. Drei Tage wird nach dem jungen Soldaten gesucht, bis Lovette in etwa 16 Kilometer Entfernung tot aufgefunden wird, nackt und verstümmelt. Seine Augen, seine Zunge, Teile des Kiefers und sein Anus sind ihm, wie es im Bericht heißt, mit chirurgischer Präzision entfernt worden. Der Fall kommt danach immer wieder zur Sprache, wenn über Ufo-Entführungen debattiert wird.

Das Problem ist, dass es den Report Nr. 13 nicht gibt. Zumindest gibt es keine echten Hinweise darauf, und die US-Regierung hat auf Anfragen hin seine Existenz mehrfach abgestritten. Was es gibt, ist die Behauptung einiger Ufo-Forscher, sie hätten den Bericht gesehen, weil sie gebeten worden wären, ihn zu analysieren. Na ja.

Erwähnenswerte Alien-Entführungen Teil 7: Travis Walton

Im November 1975 ist der Holzfäller Travis Walton mit sechs Kollegen nahe Snowflake, Arizona, in einem Lkw unterwegs, als sie alle eine fliegende Untertasse sehen, die direkt über dem Boden schwebt. Walton ist fasziniert, steigt aus, stellt sich direkt unter die Scheibe und wird von einem roten Licht angestrahlt. Seine Kollegen geraten in Panik und rasen davon. Auch die fliegende Untertasse rauschte davon – und zwar mit Walton an Bord. Der bleibt anschließend fünf Tage lang verschwunden, sodass seine Kollegen schon wegen eines möglichen Mordes verdächtigt werden. Aber dann taucht Walton verwirrt und dehydriert wieder auf.

Wie die Hills weiß auch Walton zunächst nicht, was ihm widerfahren ist. Erst unter Hypnose erinnert er sich an seine bemerkenswerte Erfahrung. In einen kleinen weißen Raum hätte man ihn gebracht, und dort sei er von kleinen und vollkommen kahlen Humanoiden, guess what, untersucht worden. Walton wehrt sich, einem der Wesen gibt der Holzfäller sogar ordentlich eine mit. Er flieht durch das Raumschiff, bis er auf drei andere Menschen trifft – oder zumindest auf Kreaturen, die wie Menschen aussehen. Die stülpen ihm eine Maske über. Als Nächstes sei er dann auf einer Straße aufgewacht.

Alles nur Schwindel?

In anderen Geschichten behaupten Menschen, von großen blonden Männern und Frauen, Echsenmenschen oder sogar von Bigfoot in Raumschiffe verschleppt worden zu sein. Manchmal werden sie auch einfach eingeladen und gehen freiwillig auf einen Rundflug mit den »Sternenbrüdern«. Der gerne als »Sherlock Holmes der Ufologie« und »Generalskeptiker« bezeichnete Journalist Philip J. Klass mutmaßte, dass viele Entführungsfälle »ausgemachter Schwindel« seien. Er glaubte, dass sich etliche der »Betroffenen« diese Entführungen einfach nur ausgedacht hätten.

Gründe dafür kann es viele geben. Manche Menschen wollen vielleicht ihre 15 Minutes of Fame abstauben, andere ein wenig Pep in ihr als fad empfundenes Leben bringen. Und manche, die wollen Geld verdienen. Einige Magazine, wie etwa der *National Enquirer*, zahlen zwischen den 1960ern und 1980ern zeitweise stattliche Summen, um exklusiv über eine Entführung durch extraterrestrische Wesen berichten zu können. Die Waldarbeiter im Fall der Entführung von Travis Walton gewinnen beispielsweise 5000 Dollar für den »besten Ufo-Fall des Jahres«, nachdem sie angeblich Lügendetektortests bestanden haben, die vom *Enquirer* und der »Aerial Phenomena Research Organization« (APRO) durchgeführt werden. Und noch auf andere Art profitierten Walton und seine Kollegen von der angeblichen Alien-Entführung: Sie hatten zu jener Zeit zu wenig Bäume gefällt und hätten eine Vertragsstrafe zahlen müssen. Da kam so eine Alien-Entführung natürlich gerade recht.

Auch dem US-Autor Whitley Strieber wird immer wieder vorgeworfen, sein Entführungserlebnis erfunden zu haben. Mit dem Horrorroman »Wolfen« und der Vampir-Schmonzette »Begierde« schreibt er zu Beginn der 1980er zwei Bestseller. Seine Folgeromane liegen jedoch wie Blei in den Regalen. Aber 1987 kommt der Erfolg zurück und katapultiert Strieber auf die *New-York-Times*-Bestsellerlisten. In »Communion« beschreibt er »Die wahre Geschichte« (so der Untertitel), wie er 1985 während eines Weihnachtsurlaubs mit Freunden in einer Berghütte von kleinen Wesen entführt wurde, die er »die Besucher« nennt. Strieber besteht darauf, dass er nicht wisse, ob diese Kreaturen nun Außerirdische, Zeitreisende oder pandimensionale Wesen sind. Aber das ist ja vielleicht auch gar nicht so wichtig.

Rund zwei Millionen Mal soll sich »Communion« verkauft haben. Das Buch wird 1989 mit Christopher Walken als »Die Besucher« verfilmt. Der Film ist furchtbar (nur 33 Prozent positive Bewertungen auf Rotten Tomatoes!), wird heute aber regelrecht abgekultet. Christian Alt, der alte Ufo-Fan, liebt ihn natürlich. Mit Strieber kommt das Entführungsphänomen endgültig in der Popkultur an. Ebenso wie übrigens auch die angeblichen Analuntersuchungen durch Außerirdische, die heute zum festen Kanon des »Ufo-Lore« gehören und in Serien wie »South Park« und Filmen wie »Extraterrestrial« parodiert werden.

Klass lag mit seiner Skepsis also vermutlich gar nicht falsch. Es existieren zahlreiche Entführungsfälle, bei denen das Bullshit-Meter weit ausschlägt. Aber nicht immer ist das Ganze so eindeutig. Denn viele der Entführungen werden von den Betroffenen tatsächlich geglaubt.

Die Leiden sind echt

Der Harvard-Psychiater John E. Mack hat in den 1990ern im Rahmen eines Forschungsprogramms mit zahlreichen Entführungsopfern gesprochen. Die meisten der Betroffenen sind seiner Auffassung nach psychisch gesund und aufrichtig. Sie wünschen sich ernsthaft Hilfe und Beistand oder einfach nur jemanden, der ihnen glaubt. »Als ich 1990 von diesem Phänomen hörte, war ich sehr skeptisch«, sagt er 1995 in einem Interview mit der *Washington Post*. »Ich dachte, es müsse sich um eine Art Geisteskrankheit handeln«, so Mack.

Ein Beispiel ist der oben erwähnte Calvin Parker. Er beharrt seit mittlerweile einem halben Jahrhundert auf seiner Geschichte und sagt, dass sein Leben die Hölle ist, seit die Entführung publik wurde. Er und Charles Hickson hätten sich darauf geeinigt, die Story für sich zu behalten, sie nur dem Militär und dem örtlichen Sheriff zu melden. Aber irgendwer stach die Meldung an die Presse durch. Reporter, der Militär-Ufo-Forscher J. Allen Hynek und allerlei Möchtegern-Ufo-Experten hätten ihn wochenlang belagert und die Werft, wo die beiden gearbeitet haben, regelrecht überrannt.

Während Hickson durch Talkshows tingelt und jedem bereitwillig ein Interview gibt, will Parker einfach nur seine Ruhe. Er verliert seinen Job, seine Frau lässt sich von ihm scheiden, er zieht um, aber die Entführungsgeschichte verfolgte ihn weiter. Irgendwann ändert er seinen Namen und zieht sich komplett aus der Öffentlichkeit zurück. Erst 2018 und 2019 schreibt Parker zwei Bücher rund um seine Erinnerungen und den ganzen Trubel.

Irgendwas, meinte Mack, sei diesen Menschen widerfahren. »Hier gibt es ein echtes Mysterium«, sagt der Harvard-Psychiater der *Washington Post* weiter. Mack schließt auch nicht aus, dass es womöglich wirklich außerirdische Besucher gibt, die unschuldige Menschen entführen, was ihm viel Spott und einigen Ärger an der Uni einbringt. John E. Mack verstirbt im Jahr 2004 bei einem Autounfall, aber an der Harvard University interessiert man sich weiterhin für Entführungen durch angeblich extraterrestrische Wesen. Oder zumindest dafür, was Menschen glauben lässt, sie wären durch extraterrestrische Wesen entführt worden. 2003 versuchen Harvard-Forscher herauszufinden, ob die zuweilen verstörenden, aber dennoch zweifelhaften »Erinnerungen«

der Entführten die gleichen psychologischen Reaktionen hervorrufen wie die Erinnerungen von Personen, die durch andere Erlebnisse traumatisiert wurden, etwa durch Kriege oder Unfälle. Denn wenn die emotionalen Reaktionen genauso stark sind, dann dürfte den Menschen wirklich etwas zugestoßen sein.

Für ihre Untersuchung dokumentieren der Psychologieprofessor Richard McNally und seine Mitarbeiter die Geschichten von zehn Entführungsopfern. Einige der sechs Frauen und vier Männer behaupten unter Hypnose, dass ihnen von den extraterrestrischen Wesen auch gewaltsam Sperma oder Eizellen entnommen wurden. Die Forscher lassen diese Geschichten von einem neutralen Sprecher einsprechen und spielen sie den Betroffenen vor. Das Gleiche wird mit einer Vergleichsgruppe getan, die sich aus Veteranen, Unfall- oder Missbrauchsopfern zusammensetzt.

Die Resultate sind erstaunlich. Die Entführungsopfer reagieren massiv auf ihre eigenen Erlebnisse. Stärker sogar als die Personen der Vergleichsgruppe. Die Forscher dokumentieren Schweißausbrüche, ein Ansteigen des Blutdrucks und weitere Anzeichen für emotionale Reaktionen. Zumindest die Teilnehmer dieser Studie, so die Forscher, sind von ihren Erlebnissen absolut überzeugt. Ihre Angst und ihr Trauma seien denen von Menschen, die durch Krieg oder ähnliche gewaltsame Ereignisse traumatisiert wurden, ausgesprochen ähnlich. Kurz gesagt: Egal, ob diese Menschen wirklich durch Aliens entführt wurden oder nicht: Ihre Leiden sind echt.

Ein Bett aus Treibsand

Wir hängen uns hier jetzt mal weit aus dem Fenster und sagen, dass es eher unwahrscheinlich ist, dass die Betroffenen wirklich von Aliens entführt wurden. Aber wenn sie nicht durch Aliens traumatisiert wurden, durch was dann? Es gibt einige Erklärungsansätze, darunter etwa Halluzinationen, die beispielsweise durch Drogen oder Alkohol ausgelöst werden. Die US-Universität Johns Hopkins sammelt zwischen 2019 und 2020 über 2500 Berichte von Menschen, die Dimethyltryptamin – besser bekannt als DMT – nahmen und anschließend von »Reisen« mit außerirdischen oder außerdimensionalen Wesen berichteten. Auch banaler Schlafmangel, emotionaler Stress oder psychische Erkrankungen können zu halluzinatorischen Erfahrungen führen, die sehr eindringlich und sehr real erscheinen.

Der 2018 verstorbene Psychologe und Neurowissenschaftler Michael Persinger von der kanadischen Universität von Laurentian glaubte, dass die Ursache für diese Halluzinationen auch in einer Schläfenlappenepilepsie liegen könnte. Ein solcher Anfall könne vielfältige visuelle, akustische, taktile und auch emotionale Wahrnehmungserfahrungen hervorrufen, die für die Betroffenen schwer einzuordnen sind. Ausgelöst werden kann eine Epilepsie beispielsweise durch eine Hirnerkrankung, aber auch durch Umwelteinflüsse, insbesondere durch das unbemerkte Einwirken starker elektromagnetischer Felder. Um das zu belegen, hatte Persinger bereits in den 1980ern den sogenannten Gotteshelm entwickelt: ein Motorradhelm, der mit mehreren Magnetspulen besetzt ist, die bestimmte Gehirnregionen stimulieren können.

In Studien und Experimenten demonstrierte Michael Persinger, dass sich durch diesen Helm quasi-religiöse Erfahrungen und auch Gefühle hervorrufen lassen, zum Beispiel das Gefühl, nicht allein in einem ansonsten leeren Raum zu sein. Die Gefühle könne man steuern, je nachdem wie man das Magnetfeld der Spulen konfiguriert. Die Psychologin Susan Blackmore, die an einem dieser Versuche teilnahm, berichtet von spürbaren Berührungen und einer tiefgreifenden Angst, die sie plötzlich befallen habe, nachdem sie unter einem solchen Helm steckte.

Psychologen sehen heute aber vor allem ein Phänomen als möglichen Auslöser für die Entführungsfantasien. Und zwar »Träume mit weit geöffneten Augen« oder: Schlafparalyse. Schlafparalyse dient eigentlich dem Selbstschutz des Körpers. Sie sorgt dafür, dass die Muskulatur während des Schlafs gelähmt ist, um zu verhindern, dass wir uns während wilder Träume verletzen. Sobald wir aufwachen, wird die Schlafparalyse wieder gelöst. Es kann aber auch passieren, dass die Schlafparalyse auch im wachen Zustand anhält. Das ist ohnehin schon eine gespenstische Vorstellung, aber manchmal wird es noch gespenstischer.

Schlafparalyse ist keine seltene Anomalie des Geistes, sondern ein Phänomen, mit dem etwa 40 Prozent aller Menschen in ihrem Leben einmal Bekanntschaft machen. Manche erleben Schlafparalyse jedoch öfter. Die Betroffenen berichten von einem fast unerträglichen Druck auf der Brust, als würde eine unsichtbare Last sie niederringen. Sie spüren das bedrohliche Gefühl, zu ertrinken, verstrickt im eigenen Bettlaken, oder sie haben das unheimliche Empfinden, in ihrem eigenen Bett zu versinken, als wäre es aus Treibsand gemacht. Manchmal scheinen sie sogar zu schweben, losgelöst von der Realität, aufgehoben in einem luftleeren Raum. Sie spüren eine undefinierbare Präsenz in ihrem Zimmer, eine Kälte, die das Rückgrat hinunterläuft. Sie sehen flackernde Irrlichter, die ihre Wahrnehmung verzerren. Selbst ihr vertrautes Schlafzimmer kann sich plötzlich verformen, als wäre der Raum lebendig und voller unheimlicher Energie. Einige berichten von bedrohlichen Wesen wie schattenhaften Personen, Dämonen oder Hexen, die ihnen offenbar Schmerzen zufügen wollen. Und manche sehen eben auch außerirdische Kreaturen. Regelmäßige Schlafparalysen können Betroffene stark belasten und als »echte Erfahrungen« interpretiert werden, die als ebensolche »echte Erinnerungen« abgespeichert werden. Sie können zu Angst vor dem Schlaf führen, zu Schlafstörungen und Stress, der sich psychologisch und physiologisch manifestieren kann.

»In unserer Auseinandersetzung mit den Berichten über Begegnungen der dritten Art entdecken wir oftmals überraschende Parallelen zu Phänomenen, die sich in unserem Kopf abspielen. Als ich die Teilnehmer meiner Studie befragte, wie ihr erstes Zusammentreffen mit den Außerirdischen ausgesehen habe, beschrieben sie Situationen, die stark an isolierte Schlafparalyse erinnerten, durchzogen von hypnopompen [also kurz nach dem Aufwachen auftretenden, Anm. d. Autoren] Halluzinationen«, erläutert Harvard-Professor Richard McNally seine Forschungsergebnisse.

Eingepflanzte Erinnerungen?

Und doch bleibt ein mysteriöser Rest. Einige Entführungs-erlebnisse lassen sich auch durch Schlafparalyse nicht erklä-ren. Vor allem jene, die gleichzeitig von mehreren Personen erfahren werden, zeichnen ein bemerkenswert konsistentes Bild. Fälle wie die von Betty und Barney Hill oder Charles Hickson und Calvin Parker fallen uns hier ein. Doch auch für diese Ereignisse haben die Wissenschaftler eine mög-liche Erklärung parat – oder zumindest einen Ansatz da-für. Die Betroffenen könnten die Opfer eines vergleichsweise seltenen und recht umstrittenen Phänomens geworden sein, bekannt unter dem malerischen Begriff »Folie à deux«: Eine »Geistesstörung zu zweit«, oder, in der wissenschaftlichen Fachsprache, eine »induzierte wahnhafte Störung« oder »ge-meinsame Psychose«.

Die Folie à deux ist ein faszinierendes, wenn auch beun-ruhigendes Phänomen, bei dem eine Person – oder sogar mehrere Personen – die Wahnvorstellungen einer ihnen na-hestehenden Person übernimmt. Sie tauchen ein in eine ge-meinsame Welt und schaffen eine gemeinsame Illusion. Wie genau so eine Folie à deux funktioniert und durch was sie ausgelöst wird, weiß man nicht. Aber das Phänomen an sich ist durchaus real und anerkannt.

Und dann wäre da noch eine Möglichkeit, nämlich dass die Erinnerungen an die Entführungen den Opfern einge-pflanzt wurden. Also natürlich nicht alle Erinnerungen, aber zumindest jene, die mittels hypnotischer Regression wieder ausgebuddelt wurden. Denn hypnotische Regression gilt nicht gerade als besonders zuverlässige therapeutische Technik, vor allem nicht dann, wenn man verschüttete Erinnerungen aus dem Unterbewusstsein pulen möchte. Der Hypnotiseur kann durch suggestive Fragen die vermeintlichen Erinnerungen des Patienten beeinflussen.

Nur ein Beispiel: Die Patienten des Historikers und Ufo-Forschers David M. Jacobs berichteten, dass er sie angewiesen hatte, seine Bücher zu lesen. Erst dann kämen sie für eine Hypnose-Sitzung in Betracht. Andere Ufo-Forscher und Wissenschaftler warfen Jacobs deswegen vor, den Betroffenen die von ihm gewünschten Szenarien und Bilder einzupflanzen, und zwar möglichst solche, die, surprise, die Thesen aus seinen Büchern bestätigten. Das Problem dabei ist, dass Betroffene dann ein Trauma davontragen können, das vorher gar nicht da war. Oder aber die wahre Ursache für ein Trauma wird überschrieben, etwa durch die Vorstellung, man sei von Aliens entführt worden.

Die »recovered-memory therapy« wird mit dafür verantwortlich gemacht, dass in den 80er- und 90er-Jahren 12 000 Leute ihre Eltern, Nachbarn und Gemeindemitglieder fälschlicherweise des Missbrauchs und der Durchführung satanischer Rituale beschuldigten. Mehrere aufgrund dieser »Erinnerungen« verurteilte Personen wurden erst nach Jahren rehabilitiert.

Wirklich zuverlässig sind Erinnerungen, die unter Hypnose ausgegraben werden, also nicht. Dessen war sich übrigens auch der Hypnotiseur von Betty und Barney Hill bewusst. Doktor Benjamin Simon selbst gab später zu Protokoll, dass er den Erzählungen von Betty und Barney keinen Glauben schenke. Oder genauer: Dass er glaube, dass das Paar in Wirklichkeit etwas anderes erlebt habe. Viele Ufo-Skeptiker im Internet denken, dass die Geschichte mit dem Ufo und den Aliens eine Schutzerinnerung der Hills sein könnte, die ein anderes, aber nicht weniger traumatisches Erlebnis überlagert. Etwa einen Überfall auf das Paar durch eine rassistische Bande.

Ist die Popkultur schuld?

Aber wenn diese Erlebnisse alle nur in den Köpfen der Betroffenen stattfinden, warum erleben die Entführten so oft die gleichen oder zumindest sehr ähnliche Dinge? Warum sind die Entführer immer kleine graue Wesen, große blonde Humanoide, Echsenmenschen? Warum spielen so oft fliegende Untertassen eine Rolle oder Untersuchungen in weiß strahlenden Räumen? Das hat natürlich mit der Popkultur zu tun. Seit dem Kidnapping von Betty und Barney Hill ist die prototypische Alien-Entführung in Dutzenden Filmen und Serien wie »Akte X« durchgenudelt worden. Sei es nun Schlafparalyse oder eine andere Art der Halluzination: Das Gehirn greift auf das zurück, was es kennt – und verarbeitet es.

Auch Betty und Barney Hill sind wahrscheinlich durch die Popkultur ihrer Zeit beeinflusst worden. Nur zwölf Tage vor ihrer ersten Hypnose-Sitzung lief im Fernsehen die »The-Outer-Limits«-Folge »The Bellero Shield«, in der ein graues Alien gekleidet in einen Overall über einen Laserstrahl zur Erde gelangt und von Menschen getötet wird. Später wurden Außerirdische und Ufos in Film und Fernsehen geradezu omnipräsent und das Bild, wie Aliens auszusehen haben, immer einheitlicher. Die Popkultur hat uns über all die Jahrzehnte eingepaukt, dass Aliens klein und grau sind, mit großem Kopf und riesigen schwarzen Mandelaugen. So wie in »Akte X« eben.

Bereits 1998 untersucht Susan Blackmore diese These in einer Studie. Die Psychologin lässt 126 Schulkinder und 224 Studenten eine typische Entführungsgeschichte anhören. Daraufhin sollen die Probanden Bilder von Außerirdischen malen und einen Fragebogen ausfüllen, in dem nach Schlafparalyse, dem Erleben fehlender Zeit und auch der Zeit vorm Fernseher gefragt wird. Das Resultat: Wer mehr Fernsehen schaut, malt auch eher das typische »Akte X«-Alien. Das populäre Stereotyp stammt offenbar also eher aus der Glotze als aus den »echten« Geschichten von Entführung durch »echte« Außerirdische.

Laut Harvard-Professor Richard McNally gibt es aber noch einen anderen Faktor, und der hat mit den Entführten selbst zu tun. Bei seinen Untersuchungen zu Beginn der 2000er-Jahre stellt er fest, dass ein großer Teil der Entführungsopfer zugleich auch New-Age-artigen Religionen und Esoterik anhängt. Rund 70 Prozent dieser Gruppe glauben an Geister, Energieheilung, Alternativmedizin und Tarotkarten. 60 Prozent sind davon überzeugt, dass an Astrologie etwas dran ist.

Aber was ist mit den Untersuchungen, die die Aliens vornehmen? Das Abpumpen von Körperflüssigkeiten und das Ausforschen von menschlichen Köperöffnungen? Diese kommen bei frühen Alien-Entführungen seltener vor als in späteren. Und auch hier gibt es eine kulturelle Verankerung.

Mit Beginn der 1960er werden Vorsorgeuntersuchungen ein immer wichtigerer Bestandteil der modernen Gesellschaft. Ende der 70er-Jahre beispielsweise nehmen Prostata-Untersuchungen und Bluttests zu, werden die Menschen sich des Risikos von Krebs- und Darmerkrankungen bewusster und haben zugleich auch mehr Angst vor diesen Krankheiten.

Spätestens in den 1980ern rückt dann das Gesäß ins Zentrum der US-amerikanischen Öffentlichkeit. Binnen weniger Jahre müssen dem US-Präsidenten Ronald Reagan zwei Dickdarmgeschwülste, 60 Zentimeter des Dickdarms und ein Tumor entfernt werden. Die Berichte darüber in den Zeitungen und Boulevardblättern verunsichern viele Männer und lassen die Zahl der Prostatauntersuchungen ansteigen – und zwar nicht nur in den USA, sondern nahezu in der gesamten westlichen Welt.

Später geht infolge der AIDS-Epidemie der 1980er-Jahre die Angst vor ungeschütztem Geschlechtsverkehr um – insbesondere unter Homosexuellen. Im Zuge dessen werden Schwule diskriminiert, und es verbreiten sich Verschwörungstheorien, die vor schwulen Vergewaltigern warnen, die die Krankheit absichtlich verbreiten.

In den 90ern spielen vor allem Themen wie genetische Experimente und Klonen eine zunehmend große Rolle in den Aussagen von vermeintlichen Entführungsopfern. Seinen Anfang nimmt diese neue Variante der Entführungsgeschichte mit einem Schaf. Am 5. Juli 1996 kommt im schottischen Roslin Dolly zur Welt, das erste geklonte Säugetier überhaupt. Dolly ist eine Sensation, sorgt weltweit für Schlagzeilen und provoziert Debatten über die Ethik des Klonens. Das Schaf beflügelt die Fantasie: Wann werden wohl die ersten Klon-Menschen unter uns weilen?

Zu dieser Zeit wird plötzlich von Hybrid-Wesen aus Aliens und Menschen, die in transparenten Tanks schweben, berichtet und von geheimen Menschenzüchtungsprogrammen. Alles Bilder, Szenen und Erzählungen, die vielfach auch in Romanen und Serien dieser Epoche vorkommen.

Es gibt viele Indizien dafür, dass Popkultur, Glauben und zeitgenössische Ängste für die Alien-Entführung mitverantwortlich sind. Darunter auch die Tatsache, dass Menschen schon immer von seltsamen Wesen in ebenso seltsamen Fortbewegungsmaschinen »entführt« wurden.

Steampunk-Entführungen

Gegen Ende des 19. Jahrhunderts kommt es zu zahlreichen Sichtungen von mysteriösen Luftschiffen. Der Elektriker John Horen berichtet dem *San Francisco Examiner* im Jahr 1896 davon, dass er von Marsianern verschleppt und auf eine unfreiwillige Rundreise in ihrem futuristischen Luftschiff mitgenommen wurde. Horens Frau ist von Johns Erzählung weniger begeistert. Ihr zufolge habe ihr Gatte zur Zeit der Entführung tief und fest neben ihr geschlafen. John sei eben ein kleiner Scherzkeks, sagte sie später.

Andere Geschichten sind vielleicht nicht unbedingt »wahrer«, zumindest aber wohl ernster gemeint. Im gleichen Jahr, in dem John Horen seinen Luftschifftrip genießt, schreibt die kalifornische *Daily Mail* über das Erlebnis eines Colonel H. G. Shaw, der nahe Stockton, Kalifornien, auf ein metallenes Flugschiff getroffen sei. Davor hätten drei schlanke und über zwei Meter große Kreaturen gestanden, die seltsam vor sich hin geträllert hätten. Als die schlaksigen Wesen Shaw bemerken, wollen sie ihn in ihr Luftschiff zerren. Aber Shaw, ein kräftiger Soldat, ist stärker als die Außerirdischen, und so lassen sie ihn zurück und rauschen in ihrer Steampunk-Flugmaschine davon.

Die Luftschiffsichtungen des 19. Jahrhunderts fallen in

eine Zeit, in der rund um die Welt an solchen Flugmaschinen gebaut wird. Die Zeitungen berichten voller Enthusiasmus davon. Oft werden in den Blättern auch Zeichnungen der Luftschiffe abgedruckt, die den angeblich gesichteten Vehikeln verblüffend ähnlich sehen. Im *Sunday Herald* findet sich 1896 beispielsweise ein Stück über den Aerial Torpedo Balloon, der aussieht wie eine riesige Zigarre, die unter einem großen Ballon hängt. Das Luftschiff, eine Erfindung des britischen Militärs, soll dazu dienen, Explosionsladungen aus der Luft abzuwerfen. Zur gleichen Zeit beginnt übrigens ein gewisser Graf Zeppelin damit, seine Vision für ein Luftschiff umzusetzen, und sorgt international für Schlagzeilen.

Natürlich machen auch Geschichten über geniale Erfinder und vermeintliche Geheimprojekte von Industriellen wie Thomas Alva Edison die Runde. Angeblich hätten die Elon Musks der damaligen Zeit bereits Luftschiffe gebaut, diese aber noch vor der Weltgemeinschaft verborgen gehalten, heißt es damals. Auch Schriftsteller spekulieren im 19. Jahrhundert wild über Luft- und Raumfahrten. Bereits 1835 schreibt der Grusel-Autor Edgar Allan Poe die Kurzgeschichte »Das unvergleichliche Abenteuer eines gewissen Hans Pfaall«, in der ein junger Mann mit einem Ballon zum Mond fliegt. Ursprünglich hat Poe diese Erzählung nicht als Fiktion, sondern als Erfahrungsbericht verfasst, sodass viele die Geschichte glauben.

Durch den Erfolg von Hans Pfaall angespornt, verfasst Poe 1844 einen ähnlichen Hoax für die New Yorker Zeitung *The Sun*. Die berichtete davon, dass der – tatsächlich echte – Ballonfahrer Thomas Monck Mason in nur drei Tagen über den Atlantik geflogen ist. Und zwar in einer revolutionären »Flugmaschine«, die aus einem Ballon mit einer bootähnli-

chen Gondel, einem Steuerruder und einem Schraubenpro-
peller bestehe. Die Geschichte trifft den Nerv der Zeit, und
das Blatt wird den Zeitungsjungen nur so aus den Händen
gerissen. Drei Tage später folgt die Richtigstellung, aber die
interessiert natürlich kaum jemanden.

Sie sind mitten unter uns

Bis zurück ins 8. Jahrhundert finden sich in historischen
Aufzeichnungen Erzählungen, die Schiffe beschreiben, die
über Wolken segeln und aus denen Menschen durch die Luft
herabschweben – und zuweilen irdische Bewohner mitnehmen. Und seit jeher gibt es Folklore, die vor Feen, Trollen,
Elfen und Wechselbälgern warnt, die Kinder aus ihren Betten
stibitzen, oder diejenigen, die so leichtsinnig sind, allein im
Wald spazieren zu gehen, in ihr Reich entführen.

Das trifft nicht nur auf unseren westlich geprägten Kul-
turkreis zu. In der asiatischen und südamerikanischen Folklore finden sich ähnliche Erzählungen. In Malaysia sind es
die Bunians, die vor allem Kinder hypnotisieren und dann
verschleppen, in mexikanischen Erzählungen sind es die
Chaneque. Auch bei den australischen Ureinwohnern, den
Aborigines, finden sich derartige Geschichten, ebenso bei
afrikanischen und südamerikanischen Stämmen.

Sind Alien-Entführungen also nun wirklich nur Quatsch, der
uns kulturell in unsere Hirne gepflanzt wurde? Wir sagen:
Ja. Aber trotzdem gibt es da noch einen Restzweifel. Und
das hat mit dem französischen Astronomen und Informa-
tiker Jacques Fabrice Vallée zu tun. Vallée befasst sich seit

den 1960ern mit Ufos und Aliens und hat es geschafft, zu einer Ikone der Ufo-Forschung zu werden, die zugleich verehrt als auch gehasst wird. Denn Vallée glaubt zwar an Ufos und Aliens, aber er glaubt nicht an die »extraterrestrische Hypothese«, also daran, dass Ufos und Aliens einen außerirdischen Ursprung haben. Oder genauer: Er glaubt nicht, dass das besonders wahrscheinlich ist.

Vallée stellt folgende Frage: Was, wenn das, was wir heute als Aliens und Ufos ansehen, das Gleiche ist wie das, was davor Feen, Elfen und Engel waren? Und dazwischen irgendwann komische Wesen und merkwürdige Luftschiffe? Und was, wenn das alles auf die gleichen Kräfte, Wesen und Erscheinungen zurückgeht? Was, wenn die Dinge, die uns besuchen, in Wirklichkeit seit Jahrtausenden bei uns auf dem Planeten leben? Was, wenn wir das alles immer als das wahrnehmen, was gerade so noch in unseren Vorstellungsrahmen passt? Vielleicht aufgrund eines Selbstschutzmechanismus unseres Gehirns, oder weil diese Besucher uns genau das sehen lassen, was wir sehen sollen? Widerlegen lässt sich diese Theorie jedenfalls nicht. Aber sollten Sie von einem Alien entführt (und untersucht!) werden, können Sie sich vielleicht damit trösten, dass Sie damit in einer langen Menschheitstradition stehen.

Es gibt sie nicht:
Die Ufo-Skeptiker schlagen zurück

Wir haben in diesem Buch bisher schon die Geschichte eines alternden Rockstars, eines Sprinklervertreters, eines Produzenten für Air-Force-Zubehör und des Erfinders der Atombombe gehört. Irgendwie scheint das Ufo-Phänomen schillernde Berufsgruppen anzuziehen – wo bleiben die in ihrer Freizeit nach Ufos fahndenden Fleischereifachverkäuferinnen? Vielleicht ist es da nur passend, dass einer der weltweit bekanntesten Ufo-Skeptiker auch einen schillernden Beruf hat bzw. hatte.

Mick West ist Computerspielentwickler. In den 90ern ist er Mitgründer der Produktionsfirma Neversoft, die Spiele wie »Skeleton Warriors«, »MDK« und »Spiderman« für die erste Playstation entwickelt. 1999 kommt der Durchbruch: Mick West und sein Team schaffen mit »Tony Hawk's Pro Skater« nicht nur eines der erfolgreichsten Spiele des Jahres, sondern auch einen kulturellen Meilenstein. Spielerinnen und Spieler auf der ganzen Welt bekommen heute noch Schmetterlinge im Bauch, wenn sie an einen Backside Pop Shove-it mit anschließendem Kickflip und 540 Christ Air im Warehouse-Level denken. Mick West war bei diesem legendären Spiel leitender Programmierer, hat die komplexen Berechnungen durchgeführt, überlegt, wie aus einer simplen mathematischen Gleichung ein dreidimensionales Skateboard wird. Nach vier sehr erfolgreichen Jahren mit Tony-Hawk-Spielen verlässt Mick West 2003 aber die Spieleindustrie. Er wird Autor und schreibt zunächst über Videospiele, dann landet er plötzlich bei einem Skeptikermagazin, wo Chemtrails sein Thema werden. Im Interview mit uns erzählt er, dass er schon immer ein Faible für Verschwörungstheorien hatte – also beginnt er diese in Texten auseinanderzunehmen. Und wo landet man unweigerlich, wenn man sich mit Verschwörungstheorien beschäftigt? Klar, bei Ufos. »Und das hat sich im Laufe der Zeit in verschiedene Richtungen entwickelt, über die ich geschrieben habe. Schließlich habe ich mich auf Ufos konzentriert. Ich denke, zum Teil liegt das daran, dass die Fähigkeiten, die man bei der Untersuchung von Ufos einsetzt, sehr ähnlich sind wie bei der Entwicklung von Videospielen. Es gibt viel 3-D-Mathematik und ein Verständnis für Grafiken, Pixel und die Funktionsweise von Licht.«

Das ist der Moment, in dem Mick West während des Interviews eine Taschenlampe rausholt. Er schaltet sie ein, hält sie einmal schräg im 45-Grad-Winkel zur Linse seiner Webcam und plötzlich … erscheint auf der anderen Seite der Lampe einer heller Lichtfleck in Form eines Halbmonds. Micks größtes Hobby ist es, Ufo-Videos zu debunken. Und Lichtreflexionen, Sie erinnern sich, sind eine der häufigsten Ursachen für Ufo-Sichtungen. »Zum Beispiel schicken mir Leute manchmal Videos, in denen sie ein Licht am Himmel sehen. Sie erkennen aber nicht, dass dieses Licht eigentlich die Reflexion eines anderen Lichtes ist, das weiter unten ist, wie zum Beispiel eine Straßenlaterne.«

Er erzählt, dass das besonders bei modernen Kameras ein Problem ist, da diese über eine sehr fortschrittliche Stabilisierungstechnologie verfügen. Tritt ein Licht von – sagen wir mal – der unteren Hälfte des Suchers auf, korrigiert die Kamera in die entgegengesetzte Richtung. Aber da die Kamera stabilisiert ist und schwingt, bewegt sich die Reflexion tatsächlich, während das Licht selbst sich nicht bewegt. »Das ist etwas Neues, etwas, das erst in den letzten Jahren aufgetaucht ist. Es gibt also ein neues Ufo-Phänomen, das ich den Leuten erklären muss. Ich musste sogar einen Namen dafür erfinden. Ich nenne es *destabilisierte Sensorreflexion*.«

Mick West sieht seine Arbeit – die er übrigens als freier Autor finanziert – als Hobby-Ufo-Detektiv als klare Fortführung seiner früheren Tätigkeit als Spieleentwickler. Immer noch geht es um Objekte, die sich im Raum bewegen, um pixelgenaue Abstände zwischen ihnen, und um Computerglitches, also Fehler. »Leider sind die besten Ufo-Videos immer noch sehr unscharf. Sie haben normalerweise eine sehr niedrige Auflösung, sie sind normalerweise sehr kurz, und man hat normalerweise nicht viele Informationen über sie.« Mick West nennt das die »Low Information Zone«.

Wir leben in einem Zeitalter, in dem jeder mit hochauflösenden Kameras in der Tasche rumläuft, unsere Ufo-Videos sehen aber immer noch aus, als wären sie mit einer Kartoffel aufgenommen worden: »Es kommt also nie vor, dass ein Ufo nah genug an der Kamera vorbeifliegt, um gute Aufnahmen zu machen. Das wirft die Frage auf, warum das so ist. Dafür gibt es zwei oder mehr Gründe. Ein Grund könnte sein, dass die Außerirdischen irgendwie wissen, was für eine Kamera du benutzt, ob du ein Fernglas hast, was die verschiedenen Leute in ihren Taschen haben und so weiter. Und sie bleiben immer genau weit genug weg. Oder sind Ufos wirklich alle oder fast alle langweilige Dinge? Das sind alles ganz normale Dinge wie Flugzeuge, Vögel, Insekten und so weiter. Und jedes Mal, wenn man sie aus der Low Information Zone herausholt, stellt sich heraus, dass sie langweilig sind.«

Eine der größten Erfolgsgeschichten von Mick West ist die des chilenischen Navy-Ufos. Die Navy Chiles veröffentlicht Anfang 2017 ein Video aus dem Jahr 2014. Es sieht ganz ähnlich aus wie Videos, die Tom DeLonge und sein Team veröffentlicht haben: schwarz-weiße Infrarotaufnahmen von der Bordkamera eines Militärhelikopters geschossen. In der Mitte ist ein schwarzer Blob, der einen langen Streif hinter sich herzieht. Die chilenischen Behörden rätseln zwei Jahre lang, was das Objekt sein könnte, schließen eine Erklärung nach der anderen aus. Ein Fehler, meint Mick West: »Vielleicht war es ein Vogel, vielleicht haben sie etwas übersehen. Und wenn man sich nur auf eine Sache konzentriert, schließt man von vornherein alle anderen Möglichkeiten aus. Am Ende vergeudet man seine Zeit mit einer Untersuchung, die in eine Sackgasse führt.«

Die chilenischen Behörden sind ratlos und veröffentlichen das Video. Die hoch angesehene Investigativjournalistin Leslie Kean, die im Dezember desselben Jahres die amerikanischen UAP-Videos der Welt präsentieren wird, nennt das chilenische Video »bahnbrechend«. Sie interviewt die ratlosen Behörden, spricht mit Generälen, die es den »wichtigsten Fall meiner Karriere« nennen. Und dann kommt Mick West: »Ich glaube, auf Twitter hat mich tatsächlich jemand gefragt, ob das wie ein Flugzeug aussieht, das einen Kondensstreifen hinterlässt. Und da ich ein Experte für Kondensstreifen bin, habe ich es mir angesehen und gesagt: Ja, es sieht aus wie ein Flugzeug, das einen Kondensstreifen hinterlässt.« Mick West und ein Team aus Freiwilligen sezieren das Video, analysieren Frame auf Frame, »und innerhalb von zwei oder drei Tagen hatten wir tatsächlich herausgefunden, was es war, nämlich ein Flugzeug. Und in der nächsten Woche konnten wir genau bestätigen, welches Flugzeug es war, woher es kam und wohin es flog, und wir konnten eine komplette 3-D-Rekonstruktion erstellen, die exakt zeigte, was wir sahen, und jeden einzelnen Frame des Videos zeigen, um den Winkel des Flugzeugs anzupassen, die Konfiguration der Triebwerke und all diese Dinge und warum der Kondensstreifen so aussah, wie er aussah.« Mick West und eine Handvoll

Freiwilliger düpieren das chilenische Militär. Das Flugzeug war der Iberia Airlines Flug 6830. Oder wie Mick es nennt: »Also das war wirklich eine lustige Sache.«

Diese Methode, die beim chilenischen Video so gut funktioniert hat, setzt er immer ein. Mick West versucht bis zum Schluss, alle Möglichkeiten offenzuhalten, denn neue Beweise könnten jederzeit dazukommen. Er lässt uns im Interview ein wenig hinter die Kulissen seiner Methode schauen. Er macht das am Beispiel des UAP-Videos »GOFAST«, das wir zu Beginn dieses Buchs schon einmal beschrieben haben: Ein Objekt fliegt in scheinbar großer Geschwindigkeit über das Meer. »Was könnte es also sein? Mein erster Gedanke war, dass es ein Vogel sein könnte. Es gibt Vögel, die sehr hoch fliegen. Und da die Kamera eine sehr niedrige Auflösung hat, würde er nur als kleiner Punkt erscheinen, ein kleiner weißer Punkt, der nicht wirklich gut zu erkennen ist. Das passte nicht wirklich. Dann kam die Möglichkeit auf, dass es sich um einen Ballon handeln könnte, denn es war ungefähr so groß wie ein Wetterballon. Er hatte ungefähr einen Durchmesser von drei oder vier Fuß, was eigentlich kleiner ist als die üblichen Wetterballons, aber es gibt viele Ballons in dieser Größe. Das ist also eine Möglichkeit. Eine andere Möglichkeit ist, dass es eine Art Drohne war.«
Mick zählt immer weiter auf: das Ufo (oder UAP, wie auch er es nennt) könnte eine Art Antigravitationsfluggerät sein, das einem streng geheimen Forschungsprojekt angehört, das amerikanisch, chinesisch oder russisch ist. Oder wie wärs mit einer »krypto-terrestrischen« Lebensform? Das sind Lebewesen, die auf dieser Erde leben, wir aber noch nicht entdeckt haben. Was Mick West uns damit sagen will? Wir

sollten nicht immer sofort auf die flashigste, aber unwahrscheinlichste Antwort gehen. Ockhams Rasiermesser hält es für viel wahrscheinlicher, dass die Ufo-Videos Ballons, Vögel oder unsretwegen auch geheime Militärflugzeuge zeigen als Aliens, die sich auf den langen Weg zu unserem Planeten gemacht haben. Die Videos der UAPs, die im Dezember 2017 veröffentlicht wurden – also »GOFAST«, »FLIR« und »GIMBAL« – sind für Mick West entsprechend auch nur banale Alltagsphänomene: »GOFAST« sei tatsächlich nicht schnell unterwegs gewesen und stimme mit einem im Wind treibenden Ballon überein. »FLIR« zeige kein Flugzeug, das sich wie ein Ping-Pong-Ball bewegte, sondern sähe eher wie ein entferntes Flugzeug aus, wobei die scheinbare Bewegung durch den Wechsel der Kameramodi und die Ausführung von Gimbal-Rollen verursacht wurde. »Gimbal« ist nicht nur der Name eines der Videos, sondern auch ein Begriff für eine Kameraaufhängung. Die Kamera wird so angebracht, dass sie um 360 Grad, also in alle Richtungen, rotieren kann. Das sorgt dafür, dass die Bilder weniger ruckeln. Und wenn man Mick West glaubt, ist es diese Rotation der Kamera, die wir in den Videos sehen.

Nehmen wir an, dass Mick West Recht hat. Die UAP-Videos zeigen harmlose Ballons oder exotische Tiere, die wir noch nicht kennen. Wieso sollte das US-Militär dann so einen großen Aufriss machen? Wieso gibt es plötzlich eine zentrale UAP-Untersuchungsstelle, wieso werden Workflows geschaffen, bei denen Piloten und Pilotinnen Sichtungen melden können? Immerhin kommt der UAP-Report der US-Regierung, anders als Mick West, zu keiner abschließenden Bewertung.

West selbst wägt hier ab. Zum einen glaubt er, dass solche Sichtungen vom Militär selbstverständlich ernst genommen werden müssen, erst recht, wenn keine Bedrohung vorliegt. Radarsysteme könnten fehlerhaft sein oder feindliche Spionageballons in den amerikanischen Luftraum eintreten. Also sei es gut, dass hier so akribisch und – wir erinnern uns – langweilig dem Phänomen nachgegangen wird. Aber das ist nicht die einzige Erklärung, warum das Thema gerade wieder hochkocht, meint West. Es habe auch mit unserer Faszination für gute Geschichten, generell für das Übernatürliche und Unerklärliche zu tun. »Und solche Leute gibt es überall in der Gesellschaft, auch in der Wissenschaft und im Pentagon. Es gibt eine Gruppe namens ›The Invisible College‹, die von Jack Miller, einem bekannten Ufologen, ins Leben gerufen wurde. Das sind Leute in der Wissenschaft und in anderen Bereichen, die hinter den Kulissen arbeiten, um herauszufinden, was es mit den Ufos auf sich hat, weil sie glauben, dass es Außerirdische sind.«

Für jemanden, der es sich zum Ziel gesetzt hat, Verschwörungstheorien zu debunken, ist die Aussage »Es gibt eine kleine Gruppe von Leuten, die den Ufo-Diskurs steuern« schon ein wenig aluhutig, wenn wir das mal so anmerken dürfen. Aber tatsächlich existiert bzw. existierte das »Invisible College«. Gegründet von Jacques Vallée und J. Allen Hynek hat eine lose Gruppe an Gelehrten über Ufologie und andere existenzielle Themen diskutiert. Um Vallée, den wir ja im Kapitel über »Project Blue Book« und dem zu den Ufo-Sichtungen der 1960er-Jahre schon kurz kennengelernt haben, wird es gleich noch im Detail gehen. Denn er steht eigentlich eher auf der Seite der Skeptiker als der der Gläubigen.

Wenn Mick West vom »Invisible College« spricht, meint er vielmehr Menschen wie George Knapp, einen Journalisten aus Nevada, auf dessen Kappe die ganze Geschichte mit Area 51 geht. Er hat das erste Interview mit dem vermeintlichen Area-51-Whistleblower Bob Lazar geführt. Und Knapp hat den Kontakt zum US-Senator Harry Reid hergestellt und diesen überzeugt, mit zu einer Ufo-Convention zu gehen. Die hat wiederum Reid so beeindruckt, dass er – einer der angesehensten Senatoren der USA – begann, sich für Ufo-Aufklärung zu interessieren. Ein Interesse, das in der Gründung von AATIP mündet. »Wenn man mit Leuten spricht, die sehr eloquent über Ufos reden, wie zum Beispiel Jacques Vallée, dann ist es leicht, sich davon mitreißen zu lassen«, meint Mick West, »vor allem, wenn man überhaupt nichts über das Thema weiß und technisch nicht so versiert ist, so wie Harry Reid. Es ist easy, sich von diesen Ideen verzaubern zu lassen, denn sie klingen großartig, sie klingen erstaunlich, und die Beweise klingen sehr überzeugend, wenn Augenzeugen Ihnen diese Geschichten erzählen, von Dingen, die ihnen passiert sind, an die sie sich erinnern und von denen sie glauben, dass sie ihnen passiert sind.«

Mick West glaubt also, dass Politikerinnen und Politiker, die jetzt lautstark für Ufo-Aufklärung kämpfen, sich zu einem gewissen Teil belabern lassen. Aber Manipulation ist nur ein möglicher Grund, warum diese Ermittlungen in Auftrag geben. Es gehe ihnen auch darum, ihr Profil zu schärfen, findet Mick West: »Die Politiker sehen das, sie sehen das Interesse, sie sehen, dass es eine große öffentliche Nachfrage gibt. Aber es gibt auch reale Probleme, wie das Eindringen von Drohnen in unseren Luftraum und die unidentifizierten

Blips auf ihren Radargeräten, und sie denken, dass wir etwas dagegen unternehmen sollten, weil es sehr populär ist. Und es wird mein Profil erhöhen, wenn ich Fragen dazu stelle. Also stoppen sie die Gesetzgebung, starten Anhörungen und gründen diese Taskforces. Das wiederum erzeugt eine weitere Welle des Interesses, weil die Leute denken: ›Oh mein Gott, jetzt untersucht die Regierung wirklich Ufos. Da muss etwas dran sein‹.«

Mick West glaubt, dass das Interesse bald wieder abflauen wird. So wie damals in den 60ern, als die Reports des »Project Blue Book« veröffentlicht waren und die meisten Ufo-Sichtungen klar erklärt werden konnten. Das Militär wird dem Kongress eine Wunschliste überreichen, auf der neue Radarsysteme, bessere KI-gestützte Früherkennung oder bessere Aufklärung über neue Objekte am Himmel wie Starlink-Satelliten stehen. »Sie werden keine Außerirdischen entdecken, Sie werden nichts Außergewöhnliches entdecken. Und ich sage das, weil es nie Beweise dafür gegeben hat. Wir haben diese interessanten Geschichten von Augenzeugen, aber leider stimmen sie nicht mit den physischen Beweisen überein. Und ich denke, das wird ewig so weitergehen.«

Einfach eine gute Geschichte

Von diesem Mick-West-Zitat kann man jetzt natürlich in zwei Richtungen abbiegen. Die erste: Nur weil die physischen Beweise nicht existieren, bedeutet das nicht, dass wir Augenzeugenberichte in den Wind schlagen müssen. Wenn Menschen Flugobjekte im Himmel sehen oder gar abgestürzte Alien-Schiffe oder Entführungen melden, dann sollten wir das ernst nehmen. Oder ... Wir klopfen noch einmal genau ab, ob die Zeugenaussagen wirklich so valide sind, wie es scheint.

Wir haben ja in einem früheren Kapitel schon erzählt, dass Kenneth Arnold keine Untertassen gesehen hat. Das Objekt hatte zwei klar unterschiedliche Seiten – vorne eckig und auf der Rückseite rund. Es sah nicht aus wie eine runde Untertasse, viel eher wie ein Staubsaugeraufsatz, mit dem man perfekt in die Ecken kommt. Aber warum ging das Jahr 1947 dann als das »Year of the Flying Saucer« in die Geschichtsbücher ein? Weil von den mehr als 800 Ufo-Berichten aus dem Jahr ganze 83 Prozent eine Untertasse gesehen haben. Sie sehen also ausdrücklich nicht das Objekt, das Kenneth Arnold gesehen hat, sondern eines, von dem sie aus der Zeitung gehört haben. Und wenn die Ufos, die Arnold gesehen hat, gar nicht rund waren, wie erklären wir dann, dass Menschen, die von Ufos entführt wurden, auch von fliegenden Untertassen sprechen?

Es gibt in der Psychologie, einem Fach mit vielen schönen Begriffen, einen besonders schönen. Und zwar die »Australian Sheep-Goat Scale«, entwickelt vom australischen Psychologen Michael Thalbourne. Die Skala soll angeben, wie sehr Menschen an das Paranormale glauben. Sind sie eher Schaf und neigen dazu, an Ufos oder Psychokinese zu glauben? Oder sind sie Ziege und stehen alldem skeptisch gegenüber? Müssten wir Autoren uns bauchgefühlsmäßig auf der Schafe-Ziege-Skala einsortieren, dann ist Christian Alt eher Schaf und Christian Schiffer eher Ziege. Menschen, die eher ein Schaf sind (sorry, Christian A., das heißt einfach so), neigen dazu, die Rolle des Zufalls zu überschätzen. Sie lassen sich leichter überraschen und schieben Phänomene, die auf den ersten Blick unerklärlich erscheinen, eher auf übernatürliche Erklärungen.

Im Jahr 2011 hat ein Team an Psychologen der University of Westminster und der Universität Wien mithilfe der Sheep-Goat-Skala versucht herauszufinden, welche Persönlichkeiten dazu neigen, Schaf und Ziege zu sein. Sie haben 433 Menschen befragt und dabei einige spannende Korrelationen herausgefunden. Ufo-Gläubige hatten zum Beispiel eine hohe Ausprägung des Persönlichkeitsfaktors »Aufgeschlossenheit«. Das bedeutet, dass sie über Eigenschaften wie die Bereitschaft zum Fantasieren, zum Ausprobieren neuer Dinge und Ideen verfügten. Zwischen Männern und Frauen gab es in der Studie keine Unterschiede, dafür aber beim Bildungsgrad. Gebildete glauben weniger häufig an Außerirdische (wirklich sorry, Christian A.), und Personen, die stark an die Existenz außerirdischer Besuche und eine staatliche Vertuschung glauben, sind offener, haben mehr Fantasie, sehen manchmal ungewöhnliche Dinge und sind zuversichtlich, dass es ein Leben nach dem Tod gibt.

Confirmation Bias

Und dann ist da ja noch der gute alte Confirmation Bias. Biases – oder auf deutsch: kognitive Verzerrungen – sind Fehler, die wir Menschen beim Denken andauernd machen. Und zwar unbewusst. Ein Beispiel für diesen Bestätigungsfehler kommt vom Psychologen Peter Watson. Er hat einer Gruppe von Studenten die Zahlenreihe »2, 4, 6 ...« gegeben und sie gebeten, das Gesetz hinter dieser Reihe aufzumalen und die nächste Zahl zu vervollständigen. Watson gibt seinen Studenten die Möglichkeit, eigene Zahlenreihen aufzuschreiben und diese auf Korrektheit prüfen zu lassen. »Ist 10, 12, 14 richtig?« Watson sagt Ja. »Was ist mit 2024, 2026, 2028?« Ebenfalls ja. Die meisten Studenten gehen natürlich davon aus, dass die nächste Zahl immer 2 größer ist als die zuvor. Dabei ist diese Regel nicht ganz richtig. Watson löst am Ende auf: Auch »1, 2003, 8205« wäre richtig gewesen. Denn die Regel besagt, dass die nächste Zahl immer größer sein muss als die vorherige.

Hier ist der Confirmation Bias am Werk. Diese Verzerrung beschreibt unsere Tendenz, die Informationen überzubewerten, die unser bisheriges Weltbild verstärken. In der Ufologie begegnen wir ihm andauernd. Zum Beispiel in Mick Wests unerklärlichen Videos aus Chile. Hier haben sich die offiziellen Untersuchungsbehörden so sehr in eine Sackgasse manövriert, dass die einzig mögliche Antwort nur noch »Aliens« sein konnte. Um den Confirmation Bias auszuhebeln, ist es aber wichtig, sich Möglichkeiten im Denken offenzuhalten. Das gilt übrigens auch in die entgegengesetzte Richtung: Wer bei jedem Flugobjekt nur denkt, dass es sowieso ein Wetterballon ist, der kann sich auch der Realität verschließen. Wie so ein Confirmation Bias bei Ufo-Gläubigen aussehen kann, bringt der bekannteste Podcaster der Welt, Joe Rogan, auf den Punkt. Wenn es um Ufos geht, sagt der: »Ich glaube so sehr, ich möchte so sehr glauben, ich möchte, dass es Jesus ist. Ich möchte, dass es Buddha ist. Ich habe diesen sehr irrationalen Wunsch, dass es echt ist.« Wer mit einem solchen Mindset an Ufo-Sichtungen geht, wird alle Beweise so deuten, dass sie das eigene Weltbild bestätigen.

Das gilt übrigens nicht nur für verwackelte Videos oder un-
scharfe Fotografien, sondern auch für vermeintliche physi-
sche Beweise. In Großbritannien ereignete sich im Jahr 1980
ein Fall, der als das »britische Roswell« in die Geschichtsbücher einging. Im Rendlesham Forest östlich von Ipswich
wurden am 26. Dezember 1980 ungewöhnliche Lichter gesehen, die darauf hindeuteten, dass dort ein Flugzeug abgestürzt sein könnte. Im Wald selbst soll ein helles Licht vom
Boden ausgegangen sein. Am nahen Luftwaffenstützpunkt
Bentwaters-Woodbridge hatten der Sicherheitsoffizier James
Penniston sowie die Airmen Edward Cabansag und John Bur-
roughs Dienst und machten sich auf die Suche nach der Absturzstelle. Es ist gar nicht so leicht zusammenzufassen, was
den Männern im Wald passiert. Zeugen widersprechen sich
oder fügen 20, 30 Jahre später noch wichtige Details hinzu.
So sagt Penniston zum Beispiel nicht nur, dass es ein Ufo
im Wald gewesen wäre. Nein, er habe das leuchtende Objekt sogar umrundet, angefasst und die Symbole analysiert.
Außerdem habe er eine in Binärzahlen codierte Nachricht
telepathisch vom Raumschiff empfangen. Irgendwann, so
Penniston, hebt das Raumschiff ab und fliegt davon.

Am nächsten Tag rückt ein weiterer Trupp aus, um die Absturzstelle zu untersuchen. Sie dokumentieren genau, was sie
tun, finden merkwürdige Erdabdrücke und nehmen Bodenproben, die sich später als leicht radioaktiv herausstellen.
Die ganze Episode wird von den Behörden ernst genommen, offizielle Untersuchungen werden angestellt. Heute
gilt das »britische Roswell« als weitestgehend debunked –
und ein warnendes Beispiel für den Confirmation Bias. Denn
auch wenn auf den ersten Blick viele Dinge zusammenfal-
len – merkwürdige Lichter, Abdrücke im Boden, Radioak-

tivität, spektakuläre Zeugenaussagen –, so kann man doch eins nach dem anderen erklären. Der Fall ist eine Häufung an Banalitäten und persönlicher Geltungssucht. Die Spuren im Boden? Stellen sich bei genauerer Betrachtung als Abdrücke von Hasenpfoten heraus. Die Lichter? Kommen vom nächstgelegenen Leuchtturm. Die Radioaktivität? Nicht besonders hoch und darüber hinaus durch Messfehler erklärbar. Bei Menschen wie Joe Rogan, die »einen irrationalen Wunsch haben«, dass es Ufos gibt, wird man damit aber trotzdem nicht weit kommen – der Confirmation Bias ist zu stark.

Ein bisschen Spaß muss sein

Unser Hirn spielt uns aber nicht nur mit dem Confirmation Bias einen Streich. Wenn's ganz hart kommt, gesellt sich auch der Intentionality Bias noch dazu. Unser Hirn ist ein brillanter Geschichtenerzähler, es sieht Geschichten hinter Dingen, hinter denen gar keine Geschichten stecken. In einem der bekannteren Experimente der Psychologie wird dieses Prinzip auf die Probe gestellt: Einer Gruppe an Probanden wird ein kurzer Film gezeigt. Darauf zu sehen sind ein kleines und ein großes Dreieck, ein Kreis und ein Rechteck, bei dem eine Seite offen ist. Selbst beim Zusammenfassen des Experiments fällt es schwer, die Geschehnisse nicht zu einem Narrativ zusammenzufassen: nicht zu sagen, dass das kleine Dreieck vor dem großen Dreieck »davonläuft«. Der Kreis sich in dem Rechteck »versteckt«. Denn so sehen die Probanden den Film, der in der Psychologie als Heider-Simmel-Film bekannt ist. Das Experiment wurde das erste Mal im Jahr 1944 durchgeführt, immer wieder wiederholt und dennoch: Die Ergebnisse sind stets dieselben. Wir wollen die kleinen geometrischen Formen anthropomorphisieren, also vermenschlichen, sehen kleine und große Dramen in der Geschichte.

Genau dasselbe passiert auch, wenn wir in den Himmel schauen oder versuchen, auf verwackelten Ufo-Videos etwas zu erkennen. Wir vermuten hinter zufälligen Bewegungen eine höhere Intelligenz. Etwas, das die Lichter hervorruft. So wird eine simple Lichtreflexion zu einem Raumschiff von Alpha Centauri. Oder ein Video, auf dem wir ein rotierendes Etwas sehen, wird so interpretiert, dass sich dort natürlich ein Ufo um die eigene Achse dreht. Die Möglichkeit, dass sich auch einfach die Kamera gedreht haben könnte, drängt sich weniger auf. Der Intentionalitätsbias fördert magisches Denken. Das kennen wir noch aus der eigenen Kindheit, als wir dachten, dass die Sonne untergeht, weil sie müde ist. Ok, nur Christian Alt dachte das, aber er ist ja auch ein Schaf. Und dieses Kind ... Es ist immer noch in uns und will Dinge sehen, die eigentlich gar nicht da sind.

Fassen wir an dieser Stelle mal zusammen: Wir haben Menschen wie Mick West, der sagt, dass er viele Ufo-Sichtungen durch simple Techniken erklären kann. Die Statistik ist da übrigens auf seiner Seite. »Project Blue Book«, der große Ufo-Report der amerikanischen Regierung, kam bei seinem Ende 1970 zu dem Schluss, dass 94,5 Prozent aller Sichtungen durch natürliche oder menschengemachte Phänomene zur erklären sind. Von 12 618 Fällen blieben nur 701 offen. Zu den natürlichen Erklärungen, die es für vieles, was wir am Himmel sehen, kommen noch die psychosozialen Erklärungsmuster: Augenzeugen sind fehlbar, unser Hirn spielt

uns manchmal Streiche, lässt uns falschen Fährten hinter-
herlaufen.

Und dann können wir uns noch nicht einmal auf unser
Erinnerungsvermögen verlassen. Das haben wir ja schon im
Kapitel über die Alien-Entführungen gehört. Hier haben
sich viele Opfer erst nach einer längeren Hypnose-Session
plötzlich an ihre Zeit auf einem Raumschiff erinnert. Kann
man ja auch mal vergessen.

Erinnern wir uns jetzt aber noch einmal an den Airman
Penniston, der 1980 angeblich das Ufo in Rendlesham Forest
gesehen hat. Ein Ufo, das ihm eine binärcodierte Nachricht
in die Großhirnrinde telepathiert hat, auf der geografische
Koordinaten zu finden sind und ein Hinweis, dass wir in
Wahrheit das Jahr 8100 haben. Es gibt eigentlich nur drei
Möglichkeiten: 1. Penniston lügt und hat sich alles ausgedacht. 2. Es ist wirklich genauso passiert. 3. Es war nicht so,
aber Penniston ist davon überzeugt, dass es so war. Auch
wenn wir im Fall eines Mannes, der sich 30 Jahre nach dem
eigentlichen Ereignis, gerade als ein Filmteam mit ihm ein
Interview machen will, daran erinnert, dass sie ihm doch eine
intergalaktische Nachricht auf seinem Hirn-AB hinterlassen
haben, eher zu Nummer 1 tendieren: Falsches Erinnern ist
viel weniger selten, als wir annehmen. Da ist zum Beispiel
die amerikanische Psychologin Elizabeth Loftus, eine Spezi-
alistin auf dem Gebiet der falschen Erinnerungen. Von ihr
haben wir bereits gehört, aber lasst uns kurz noch einmal
ausführlich über ihre Forschung sprechen. Denn sie ist für
die Ergründung des Ufo-Phänomens wichtig. Sie hat zahlreiche Experimente durchgeführt, die zeigen, dass das menschliche Gedächtnis leicht manipulierbar ist und dass sich Menschen an Ereignisse erinnern können, die in Wirklichkeit nie

stattgefunden haben. Ihre Forschung wird inzwischen benutzt, um die Zuverlässigkeit von Zeugenaussagen zu überprüfen.

Eines von Loftus' bekanntesten Experimenten heißt »Verloren im Einkaufszentrum«. 24 Teilnehmern wurde durch Suggestion nahegelegt, dass sie in ihrer Kindheit einmal in einem Einkaufszentrum verloren gegangen sind und von einer älteren Person gerettet wurden. Ganze 25 Prozent der Teilnehmer bildeten tatsächlich Erinnerungen an eine solche Episode aus. Sie waren überzeugt, dass sie sich daran erinnerten – obwohl es nie wirklich passiert war.

Die Falscherinnerungen waren so lebendig und detailliert, dass die Teilnehmer sogar beschreiben konnten, wie sie sich in dieser Situation gefühlt und verhalten hatten. Loftus schließt daraus, dass das menschliche Gedächtnis anfällig für Verzerrungen und Manipulationen ist. Durch suggestive Fragen oder Informationen von außen können sich Menschen an Ereignisse erinnern, die nie stattgefunden haben. Loftus stellt aber auch klar, dass es einen qualitativen Unterschied zwischen den falschen und den richtigen Erinnerungen gibt. Die richtigen Erinnerungen sind viel detaillierter als die falschen.

Wir haben ja zuvor schon erklärt, dass Menschen, die an Ufos glauben, mehr Fantasie haben als jene, die es nicht tun. Der Schluss liegt nahe, dass es sich bei ausführlichen Berichten um Ufo-Sichtungen oder gar Entführungen um falsche Erinnerungen handeln könnte. Immerhin haben sich Betty und Barney Hill, die Protagonisten im ersten großen Alien-Entführungsfall der Geschichte, auch erst an die Details erinnert, als sie unter Hypnose gestanden haben. Unsere Hirne dichten gern Dinge dazu, die so nie stattgefunden haben, machen unser Handeln wichtiger, als es eigentlich war. Und all das passiert natürlich nicht irgendwie, sondern in einem kulturellen Raum. Denn die wissenschaftlichen Erklärungen für das Ufo-Phänomen sind nur eine Seite der Medaille. Genauso wichtig sind die kulturellen. Denn sie beschreiben, wieso wir so dringend Ufos am Himmel sehen wollen. Wieso wir von Himmelsscheiben, Engelsfiguren und Erlöserfiguren träumen. Aber um das zu verstehen, müssen wir einen Mann treffen, der sich wie kein Zweiter mit den mythologischen Erklärungen des Phänomens auseinandergesetzt hat: Erich von Däniken.

Erich von Däniken – der große alte Mann der Prä-Astronautik

Ludwigslust, Calw, Waltrop, Laufen, Mörlenbach, Neumarkt in der Oberpfalz: Das unermüdliche Showpferd ist wieder auf Tour. Anstatt seinen Ruhestand am Pool zu genießen, tingelt Erich von Däniken von Kleinstadt zu Kleinstadt und füllt alle paar Tage eine neue Mehrzweckhalle. 88 Jahre ist er mittlerweile alt, und trotzdem steht das Duracellhäschen der Prä-Astronautik heute in Dillingen auf der Bühne, einem kleinen Städtchen an der Donau. Gleich wird er ein paar 100 Leuten im Stadtsaal mitteilen, was ihm einst als jungem Mann am Collège Saint-Michel in Fribourg klar wurde: dass die Götter keine Götter sind, sondern Außerirdische. Dass sie die Pyramiden, die Nazca-Linien und die monumentalen Steinstrukturen von Pumapunku gebaut haben. Dass alles, was wir als mystische Artefakte unserer Geschichte ansehen, tatsächlich Beweise für vergangene Besuche von außerirdischen Zivilisationen sind. Dass die Erinnerung an Besuche der Aliens verzerrt wurde und sich daraus dann die Religionen und die großen Mythen entwickelt haben. Dass alles irgendwie ein großes Missverständnis ist.

Wir sind heute also mit dem Mann verabredet, den Harald Lesch einmal »Die Hämorrhoide am Hintern der Wissenschaft« genannt hat. Mit dem Mann, der insgesamt 65 Millionen Bücher verkauft hat. Mit dem Mann, dem, wie er uns gleich stolz erzählen wird, sogar der Papst handschriftlich zum Geburtstag gratuliert und der in unserer Jugend omnipräsent war: eigene Sendung auf Sat.1, unzählige Auftritte bei RTL+ und im HISTORY Channel. Mit dem Mann, der das Kunststück fertiggebracht hat, sowohl diverse Negativ-Preise eingeheimst zu haben für seine Verdienste um die Pseudowissenschaften, aber zugleich auch eine Oscar-Nominierung für »Botschaft der Götter«, einen Dokumentarfilm auf Basis eines seiner Bücher.

Von Däniken begrüßt uns mit einem freundlichen »Ich schüttle keine Hände«. Gleich darauf erklärt er uns, warum: Er komme an so einem Abend aus dem Händeschütteln ja kaum noch heraus, das sei anstrengend, und außerdem sei da ja noch dieses Corona. Ganz ehrlich, wir sind fast ein bisschen beruhigt, dass von Däniken an Corona glaubt und die Krankheit nicht für eine Verschwörung der geheimen Weltregierung hält. Natürlich: Erich von Däniken legt Wert darauf, nicht als Esoteriker bezeichnet zu werden. Auf der anderen Seite erscheinen einige seiner Bücher seit geraumer Zeit dann doch im berüchtigten Kopp-Verlag, und auch an Darwins Evolutionstheorie oder an der Theorie des menschengemachten Klimawandels hat der große alte Mann der Prä-Astronautik so einiges auszusetzen. Auf Twitter poltert der 88-Jährige gerne mal gegen die Grünen, das Gendern und die Flüchtlingspolitik und trotzdem: Zu Hardcore-Schwurblern oder gar harten Neonazis hat der Schweizer immer Abstand gehalten. Auf Twitter kann man übrigens auch sehr gut sehen, was Däniken so für ein Typ ist. Humorvoll (»Wenn Sie Geld nicht glücklich macht, dürfen Sie es getrost mir überweisen«), ein bisschen siebengescheit (»Gestern eine zweistündige TERRA-X-Sendung total gegen mich, obschon mein Name nie erwähnt wurde. Pseudowissenschaft im Kostüm der Wissenschaft«), fleißig (»Und am heimischen Schreibtisch wird am 46. Buch weitergeschrieben«), immer auf Achse (»Ich bin in Malta. Deshalb liest man nix von mir. Malta ist die Insel der ehemaligen Riesen, der 28 megalithischen Tempel und des Hypogäums, einer phänomenalen unterirdischen Anlage aus der Steinzeit«) und glücklich (»Die Götter lieben mich, und sie mögen auch Euch alle beschützen. Ich bedanke mich täglich beim GRANDIOSEN GEIST DER SCHÖPFUNG – dies ist der Grund für meine Fitness«).

Der Mann, der auf alles eine Antwort hat

Wer mit Erich von Däniken über das Leben von Erich von Däniken spricht, der merkt, dass Erich von Däniken schon oft über das Leben von Erich von Däniken gesprochen hat. Däniken redet mit routinierter Begeisterung, jede Antwort sitzt, er jongliert mit Zitaten und Fakten und verscheucht kritische Nachfragen wie lästige Fliegen. Als er während unseres Interviews gerade erklärt, wie sich intelligentes Leben im Universum ausgebreitet hat, plaudern ganz hinten am Ende des Saals die Stadtsaal-Dillingen-Roadies ein bisschen miteinander. Däniken explodiert. »Hallo …! Haaaaallooooo«, ruft er in einer Lautstärke, die auch die »gelbe Wand« von Borussia Dortmund zum Verstummen bringen würde. Danach geht es nahtlos weiter, von Däniken erzählt von Maya-Ruinen in Mesoamerika und sumerischen Keilschrifttafeln. Und natürlich von der Bibel. Er erzählt von seinen Zweifeln, die ihm damals als gläubigem jungem Mann an einem katholischen Jesuiteninternat kamen. Wie er in der Heiligen Schrift davon las, dass Gott mit Feuer, Rauch, Gestank und Lärm auf den heiligen Berg herniederging und den Israeliten zurief, sie sollten besser ein wenig Abstand halten, um nicht vernichtet zu werden. »Ich dachte: Was reden die? Das soll ein spiritueller Gott sein?« Der junge von Däniken macht sich damals auf die Suche. Er liest und liest und überlegt und überlegt, »und plötzlich kam ich auf die Idee! Die reden von Außerirdischen!«.

Erich von Däniken wird im Laufe seines Lebens noch viele Indizien für seine Thesen sammeln. Wie kann es sein, dass die Nandi in Kenia einen Gott haben, den sie Chepkeliensokol nennen, was übersetzt so viel heißt wie »das Ding mit den neun Strahlenbeinen«? Ganz klar ein Raumschiff. Wie kann es sein, dass sich in Bolivien in der Hochebene des Altiplano präzise zugerichtete Steinquader finden, »die wie Legosteine zusammengefügt sind«? Ganz klar ein außerirdisches Basislager. Und dann ist da die Sache mit den Nazca-Linien in Peru. Ganz klar Landebahnen. Diese These stellt von Däniken Ende der 60er-Jahre auf. Seine Kritiker machen sich über ihn lustig. Hatte von Däniken nicht immer von

Raketen gesprochen, als außerirdisches Fluggefährt? Und seit wann brauchen Raketen bitte schön eine Landebahn? Doch dann legt die NASA das Space-Shuttle-Programm auf. Eine Raumfähre wird an einer Rakete befestigt, ins All geschossen und braucht danach, ja genau, eine lange Landebahn, um zu landen. Bei den Alien-Göttern dürfte das nicht anders gewesen sein. Däniken hat schon damals eine Antwort auf alles. Die kolossalen Steinstatuen auf der Osterinsel? Von gestrandeten Astronauten aus Langeweile mit Laserstrahlen in das harte vulkanische Gestein gebrannt. Die Pyramiden von Gizeh? Gebaut von Aliens als Orientierungspunkte für außerirdische Raumschiffe. Sonnentor von Tiwanaku? Ein Alien-Kalender.

Sein erstes Buch »Erinnerungen an die Zukunft« erscheint 1968 mit einer Auflage von 6000 Exemplaren. Vier Jahre später hat es sich weit über eine Millionen Mal verkauft, die »Dänikitis« geht um. Das Buch trifft einen Nerv, auch weil die Amerikaner 1969 auf dem Mond landen. Kurz vor dem Ereignis entschuldigt sich die *New York Times* dafür, dass sie 1920 Weltraumraketen für Unfug erklärt hatte. Vom Bäckereifachverkäufer bis hin zur Universitätsprofessorin beginnt nun jeder, sich für die Geheimnisse des Universums zu interessieren.

Das Cover von »Erinnerungen an die Zukunft« ziert die Grabplatte von Palenque. Die klassische Archäologie deutet die Abbildung als die Reise des Maya-Herrschers Pakal in die Unterwelt. »Da sitzt ein menschliches Wesen, mit dem Oberkörper vorgeneigt, in Rennfahrerpose vor uns; sein Fahrzeug wird jedes Kind als Rakete identifizieren«, sagt hingegen von Däniken. Vor dem angeschnallten Astronauten lägen das Zentralaggregat für Sauerstoff, Energieversorgung und Kommunikation sowie die manuellen Bedienungshebel und die Geräte für Beobachtungen außerhalb des Raumfahrzeuges. Hinter dem Astronauten sei eine Kernfusionseinheit zu sehen. Wir haben uns das Cover immer und immer wieder angesehen. Und wir finden: Ja, man kann darin eine Rakete sehen. Es gibt Elemente, die sich als Pedale, Stellräder und Turbinen lesen lassen. Aber man könnte darin auch Tingeltangel-Bob aus den Simpsons sehen, wie er durch eine Toilette in eine andere Dimension gesaugt wird.

Denken Sie jetzt bitte nicht an Ihre Zunge!

Es gibt ein psychologisches Phänomen, das unter dem etwas seltsamen Namen »Baader-Meinhof-Effekt« bekannt ist oder auch »Phänomen der selektiven Wahrnehmung«. Es tritt auf, wenn man etwas Neues gelernt oder bemerkt hat, oft handelt es sich um ein Wort oder ein Objekt, und dann stolpert man plötzlich überall darüber. Es gibt dazu einen passenden Charlie-Brown-Comic. Linus wird sich bewusst, dass er eine Zunge hat. Und jetzt kann er an nichts anderes mehr denken als an das Organ, das unter anderem für die Einspeichelung der Nahrung zuständig ist. Dieser längliche, von Schleimhaut überzogene Muskelkörper schabt an seinen Zähnen, egal was er tut, er kann nicht aufhören, an seine Zunge zu denken, und egal, was in seinem Mund passiert, immerzu kreisen seine Gedanken um seinen zerfurchten Gitschlappen. So ähnlich ist das auch beim Baader-Meinhof-Effekt: Dinge, die eigentlich schon immer da waren, werden uns bewusst, einfach weil wir darauf achten.

Hören Sie jetzt bitte kurz auf, über Ihre Zunge nachzudenken, denn wir sind hier noch nicht fertig. Wir wollen Sie eigentlich ja auch nicht damit langweilen, die Thesen von Erich von Däniken auseinanderzunehmen, schon alleine, weil das andere besser können und uns von Däniken im Interview wirklich sympathisch ist. Außerdem gebührt ihm das Verdienst, Generationen von Menschen dazu gebracht zu haben, sich endlich mal für alte Maya-Anlagen in der Wildnis Yucatáns zu interessieren.

Erich von Däniken hat auch die Wissenschaft immer und immer wieder herausgefordert. Ein ausdauernder und bissiger Sparringspartner wie er ist vermutlich das Beste, was der Wissenschaft passieren konnte. Die Datierung der Sphinx ist beispielsweise nicht so eindeutig, wie immer geglaubt und von manchen Ägyptologen gerne behauptet. Auch die Hypothesen, mit welchen Werkzeugen die großen Blöcke für die Pyramiden geschaffen wurden, sind bisweilen in der Fachwelt umstritten. In der Wissenschaft arbeiten eben auch nur Menschen, genau wie in der Politik. Menschen, die um ihren Ruf besorgt sind und manchmal gar keinen Bock auf neues Wissen haben, weil das alte Wissen von ihnen selbst stammt. Es gibt im Wissenschaftsbetrieb – auch unter Altertumsforschern – Gatekeeping und Dogmatismus. Es mussten beispielsweise erst einmal zwei Generationen von Ägyptologen abtreten, bevor junge Forscher jahrzehntelang bestehende Fehler bei der Übersetzung von Hieroglyphen beheben konnten. Die Prä-Astronautik war vielleicht auch eine Reaktion auf manche Verkrustungen in der akademischen Welt.

Und dennoch muss auch der Prä-Astronautik natürlich mit einem gerüttelten Maß an Skepsis begegnet werden. Der Religionswissenschaftler Jonas Richter beispielsweise hat über

Erich von Däniken seine Promotion verfasst. Er schreibt, Dänikens Deutungen seien eine »interpretatio technologica«, sprich: Fremde Konzepte werden mithilfe von Konzepten interpretiert, die man selbst kennt. So wird aus einer etwas kryptischen Grabplatte die Abbildung einer Rakete.

Auch wir verfallen übrigens dauernd in die »interpretatio technologica«. Während wir dieses Buch schreiben, rollt die KI-Revolution über uns hinweg, jeder redet von Large Language Models und ChatGPT. In den 50er-Jahren dachten viele Leute, die Außerirdischen würden uns in atombetriebenen Ufos besuchen. Wir sind uns heute sicher: Die Aliens würden zu Hause auf ihren muckeligen Planeten bleiben und stattdessen KI-Sonden schicken.

Nicht nur in dieser Hinsicht fühlen wir uns ein wenig ertappt. Denn es ist schon interessant, dass die Prä-Astronautik selten die Frage stellt, ob die Erbauer des Kölner Doms vielleicht Hilfe aus dem All bekommen haben. Die Völker, denen die Aliens unter die Arme gegriffen haben, sind meist ziemlich weit weg. Immer wieder heißt es, die Bewohner der Osterinseln hätten die Moai-Köpfe nicht bewegen, die Ägypter die Pyramiden nicht bauen und die Inkas die massiven Steine von Sacsayhuamán nicht heben können. Diese Theorien unterstellen, dass diese Kulturen nicht die Fähigkeit oder das Wissen besaßen, solche monumentalen Werke selbst zu schaffen – eine Annahme, die eine grobe kulturelle Arroganz offenbart. Sie impliziert, dass nur mit übernatürlicher oder außerirdischer Hilfe solche Errungenschaften möglich waren, statt zu würdigen, dass menschlicher Einfallsreichtum und technisches Können sich in vielen verschiedenen Kulturen und auf vielen verschiedenen Wegen entwickeln können. Und wir Europäer bei Weitem nicht das Maß aller Dinge sind. Auch wir stellen uns die Weltgeschichte manchmal vor wie in dem Computerspiel »Civilization«. Man erfindet das Rad, dann die Steinmetzkunst, irgendwann das Schießpulver, später den Computer, irgendwann fliegen wir zu Alpha Centauri und können den Rechner danach wieder ausschalten. Die menschliche Entwicklung ist aber sehr viel komplexer und gar nicht mal so linear. Wissen entsteht, geht wieder verloren, entsteht woanders wieder neu und immer so weiter. Man denke nur mal an den Mechanismus von Antikythera, ein komplexes System von mehr als 30 präzise gearbeiteten Bronze-Zahnrädern, das gerne auch als erster analoger Computer bezeichnet wird. Die alten Römer wiederum kannten Rezepturen für enorm belastbaren Beton, die verloren gingen und teilweise bis heute nicht rekonstruiert sind. Vielleicht hatten die alten Inkas ja mehr drauf, als wir denken.

Der Mensch hat Schiss

All das, was wir hier jetzt an Gegenargumenten zusammengetragen haben, präsentieren wir Erich von Däniken natürlich nicht, als wir ihn treffen. Dazu sind wir viel zu gebannt von dem, was er uns erzählt. Auf leise Kritik oder vorsichtig vorgetragene Skepsis antwortet von Däniken nur, dass man sich erst mal mit den alten sumerischen oder doch bitte wenigstens mit alten tibetanischen Texten beschäftigen solle, bevor man hier einen auf dicke Hose macht. In seinen Antworten geht es in irgendwelchen Nebensätzen kurz um einen sizilianischen Dichter, der vor 2000 Jahren gelebt hat, dann wieder um einen kolumbianischen Fürsten, der vor über 4000 Jahren gelebt haben soll, und dann wieder um

die biblische Gestalt Henoch (»einer der Typen, die vor Jahrtausenden von den Fremden mitgenommen wurde«), nur um
dann drei Sätze später den großen Alien-Plan für die Menschen offenzulegen. Die Außerirdischen wollen, dass von den
Menschen die Intelligenz im ganzen Universum ausgebreitet
wird, »wie ein Schneeballsystem«. »Dazu brauchen sie Tausende Zivilisationen, die Raumfahrt betreiben. Die wollen
uns nichts Böses, sie wollen unsere Hilfe. Die wollen, dass wir
die Technologie entwickeln, und sie helfen uns dabei«, sagt
von Däniken. Gegenfrage: Warum geben sie uns die Technologie nicht einfach? Warum stellen uns die Aliens nicht einfach ein paar schmucke Ionentriebwerke hin, und los geht's?
»Also nein, das nützt nichts. Sie brauchen die ganzen Einzel-
heiten dazu«, sagt Däniken. »Stell dir vor, wir wären in Süd-
amerika als Ethnologen, bei einem Stamm aus Steinzeitleu-
ten. Man kann denen nicht einfach mal beibringen, wie man
einen VW macht. Die haben kein Eisen, kein Benzin, keinen
Treibstoff, kein Öl und kein Metall. Die ganze Kette an Erfindungen fehlt.« Ganz ähnlich sei das bei uns. Wir müssen
uns die technischen Grundlagen für so einen Ionenantrieb
schon erst einmal selbst erarbeiten, sonst mache das alles
keinen Sinn, meint von Däniken.

Es gibt mehrere Dinge, die uns bei dem Gespräch überraschen. Erstens: Erich von Däniken hat noch nie ein Ufo gesehen. Wir dachten, wenn jemand schon mal ein Ufo gesehen
haben müsste, dann ja wohl Erich von Däniken. Zweitens:
Die Außerirdischen haben, anders als viele Götter, laut dem
88-Jährigen nichts im Angebot, was uns Menschen dabei
helfen könnte, den Tod zu überwinden. Wir hatten ein wenig
auf Kryonik gehofft, auf die Wiederbelebung in einer fernen
Zukunft, nachdem wir ein paar Jahrhunderte im Kälteschlaf

zugebracht haben, oder irgendeine Form der Transzendenz oder des Fortlebens. »Davon habe ich nie etwas gehört oder gelesen«, sagt Däniken dazu. Schade. Das Dritte, was wir erstaunlich finden, ist, dass von Däniken behauptet, noch vor sechs Wochen mit Avi Loeb telefoniert zu haben. Der israelische Astronom und ehemalige Leiter des Astronomischen Instituts der Harvard University ist bekannt für seine Thesen über Oumuamua, das erste interstellare Objekt, das in unserem Sonnensystem entdeckt wurde. Loeb ist der Ansicht, dass es sich dabei um ein von Außerirdischen geschaffenes Artefakt handeln könnte. »Avi Loeb ist weiß Gott nicht mit allem einverstanden, was ich sage. Aber er ist auch der Meinung, dass Außerirdische höchstwahrscheinlich schon mal da waren. Und er sagt: Ganz ehrlich, ich als Astrophysiker kann mich mit solchen Thesen nicht an die Öffentlichkeit wagen. Meine eigenen Kollegen würden mich sofort abschießen«, so schildert von Däniken seine Gespräche mit dem bekannten Astronomen.

Von Däniken hat die Sache mit Oumuamua genau verfolgt. So wie er generell alle Entwicklungen seit 2017 verfolgt hat (und die 50 Jahre oder so davor natürlich auch). Für ihn kommt der neue Ufo-Hype nicht überraschend. »Die Öffentlichkeit wird langsam darauf vorbereitet, dass wir nicht alleine sind«, glaubt von Däniken. Eine Vorstellung, die bei Ufo-Gläubigen seit Jahrzehnten kursiert. Früher galt die Science-Fiction als clever inszeniertes Vorbereitungsprogramm, um die Menschheit behutsam an die Tatsache heranzuführen, dass Aliens die Erde besuchen. John Lear etwa, ein Pilot und prominenter Ufologe, der auf seinen Flügen immer wieder Ufos gesehen hatte, war sich sicher, dass die Regierung heimlich die Produktion von Filmen wie »E. T.: Der

Außerirdische« oder »Unheimliche Begegnung der dritten Art« gefördert hat, um die Öffentlichkeit davon zu überzeugen, Außerirdische als Weltraum-Buddys zu sehen. In Wirklichkeit aber seien die Aliens böse und hätten die Regierung hinters Licht geführt. Das wiederum sieht von Däniken ganz anders. Die Außerirdischen sind bei ihm eine gute Macht, aber es gibt ein Problem: »Der Mensch hat Schiss. Es heißt immer, die Außerirdischen wollen uns übernehmen, übernehmen, versklaven und ausbeuten, immer heißt es ›Schießt auf die! Macht Partisanenkampf!‹« Und weil der Mensch so viel Schiss habe, müsste die Menschheit langsam auf den Alien-Kontakt vorbereitet werden. Der Zeitgeist müsse sich ändern, und genau das sei gerade mitten im Gang.

Was, wenn wir nur ein Jawa sind?

Vielleicht ist das so. Vielleicht aber auch nicht. Vielleicht haben wir es auch hier wieder einmal mit einer Parusieverzögerung zu tun. Seit Jahrzehnten erzählen Ufologen, dass die große Enthüllung unmittelbar bevorstehe. Aber dann passiert: nichts. Die Aliens lassen die Ufo-Gläubigen genau so warten, wie damals der Messias Hiram Edson bei der großen Enttäuschung. Und das ist nicht das Einzige, worin der Ufo-Glaube herkömmlichen Religionen ähnelt. Auch hier gibt es »Hierophanien«, also sakrale oder geradezu heilige Ereignisse, etwa eine Ufo-Sichtung, die manchmal den Schilderungen von herabsteigenden Göttern gar nicht unähnlich sind. Psychiater wie Carl Gustav Jung und Ufo-Forscher wie Jacques Vallée haben diese Parallelen in ihren Arbeiten betont. Jung dachte, dass Ufos Manifestationen des kollektiven

Unbewussten seien – eine Art moderner Mythos oder Symbol, das aus den tiefen Schichten unserer Psyche aufsteigt und unsere Ängste, Hoffnungen und Träume in einer sich schnell verändernden und technologisch fortschreitenden Welt widerspiegelt. Fliegende Untertassen könnten als Symbol für unsere Sehnsucht nach überirdischer Führung und unsere Hoffnung auf Kontakt mit einer höheren Intelligenz gedeutet werden.

Der Glaube an Außerirdische ist eine Ersatzreligion für alle, die nicht an einen Gott glauben wollen. Dabei ist der Ufo-Glaube oft mit esoterischen und spirituellen Konzepten verknüpft. Zum Beispiel mit der Vorstellung von »Schwingungsfrequenzen«, die oft in der New-Age-Bewegung zu finden ist, oder mit der Annahme, dass Ufos von Wesen aus anderen Dimensionen gesteuert werden. Aber der Ufo-Glaube spricht auch viele Menschen an, die mit beiden Beinen felsenfest auf dem Boden kritisch-rationalen Denkens stehen. Denn anders als Gott sind Ufos und Aliens Dinge, die prinzipiell mit den uns bekannten Gesetzen der Physik und Biologie erklärt werden könnten. Aliens und Ufos geben auch dort noch Trost und Hoffnung, wo Gott schon lange tot ist.

Ein Heilsversprechen gibt es aber auch hier. Vielleicht bringen uns die Aliens ja den Weltfrieden. Vielleicht spendieren sie uns Technologien, um den Klimawandel aufzuhalten. Bei der Vorstellung, dass wir auf einem winzigen Planeten völlig isoliert in Lichtgeschwindigkeit durch das Universum sausen, kann einem schon mal etwas mulmig werden. Um die Klimakatastrophe oder Atomkriege zu verhindern, wäre es vielleicht gar nicht schlecht, wenn das SETI-Projekt morgen in einer Pressemitteilung erklären würde: Sorry, folks, da draußen ist nichts, wir sind hier völlig auf uns allein gestellt. Vielleicht würde die Gewissheit, wie einzigartig intelligentes Leben auf einem Planeten ist, die Menschheit dazu bringen, etwas verantwortungsvoller mit dem Himmelskörper umzugehen, auf dem wir durch das All flitzen. Denn wie doof wäre das: Da gibt es einmal irgendwo im Universum intelligentes Leben, und wir verbaseln es? Die Menschheit würde sich als absolute Trottelspezies entpuppen.

Aber dazu müssten wir trotzdem erst einmal von unserem hohen Ross herunterkommen. In Douglas Adams' Romanzyklus »Per Anhalter durch die Galaxis« wird Zaphod Beeblebrox in die »Total Perspective Vortex« gesteckt, zu Deutsch »Totaler Durchblicksstrudel«. Diese Maschine ist das ultimative Folterinstrument, da sie den Benutzern ihren unbedeutenden Platz im Universum aufzeigt, indem sie das gesamte Universum im Verhältnis zu ihnen darstellt. Doch der ehemalige Präsident der Galaxis kommt unbeschadet wieder aus der Foltermaschine heraus. Er mag klein sein, meint er, aber dafür würde das Universum um ihn kreisen. Wir als Menschheit sind der Zaphod Beeblebrox unter den Spezies. Bei den Prä-Astronautikern stehen wir zwar nicht an der Spitze der Schöpfung, aber wir sind immer noch verdammt wichtig.

»Jede neue Entdeckung ist nur eine Erinnerung daran, dass wir wirklich klein und dumm sind. Wer weiß, welche große Entdeckung als Nächstes kommt, damit wir uns als noch kleinere Stückchen Scheiße fühlen können«, heißt es in der oscarpremierten Science-Fiction-Komödie »Everything Everywhere All At Once«. In der Prä-Astronautik sind wir kein Stückchen Scheiße. Wir spielen noch mit. Wir sind zwar ein wenig primitiv, aber wir zeigen gute Ansätze, sodass sich die Alien-Götter für uns interessieren. Im großen Drama des

Universums sind wir hier vielleicht nicht Luke Skywalker, der den Todesstern zerstört, aber immerhin doch Han Solo, der zur richtigen Zeit am richtigen Ort ist und für ein Happy End sorgt. Die Frage ist nur: Was, wenn wir am Ende doch nur ein unbedeutender Jawa auf Tatooine sind?

Eine halbe Stunde haben wir mit Erich von Däniken gesprochen. Die Roadies trauen sich langsam wieder, bei ihrer Arbeit das ein oder andere leise Geräusch zu machen. Die ersten Gäste trudeln ein und kaufen sich am Stand vor der Halle bunte Eso-Ketten und Dänikens neuestes Buch. »Es ist eben so gekommen, wie es gekommen ist«, sagt Erich von Däniken am Ende unseres Gesprächs, als wir ihn fragen, ob er eigentlich froh ist, dass er damals am katholischen Jesuiteninternat die Eingebung mit den Alien-Göttern hatte. »Mein Charakter ist es eben, dass ich dazu stehe, wenn ich Unrecht habe«, sagt er. Von Däniken steht auf. Das unermüdliche Showpferd muss auf die Bühne, denn es gibt noch so viel zu erzählen.

DAS LEBEN, DAS UNIVERSUM UND DER GANZE REST

»So ... Jetzt aber mal wirklich.«

Die ganz großen Fragen leitet Christian Schiffer gerne mit einem kräftigen »So« ein. Ein eindeutiges Signal, dass jetzt mal Schluss ist mit Labern, dass jetzt ein Strich drunter gehört, dass jetzt eine Entscheidung fällig ist. Er sagt also »So ... Jetzt aber mal wirklich: Glaubst du, dass Ufos existieren oder nicht?«

Wir sind auf der Rückfahrt von Erich von Dänikens Großevent, und vielleicht glaubt Christian S., dass er in die Zukunft seines Freundes geschaut hat. Christian Alt, der mit knapp 90 Jahren die Mehrzweckhallen der Republik unsicher macht, mit einer Ufo-Präsentation im Gepäck, die mehr nach Wunschdenken als nach seriöser Wissenschaft aussieht. (An dieser Stelle muss Christian A. ergänzen, dass er es eigentlich sehr nett fände, mit 88 noch so viel Energie wie Erich von Däniken zu haben.) Aber die Frage hängt in der Luft: Gibt es jetzt Ufos oder nicht?

Nach einer längeren Pause sagt Christian A. wiederum:

»Darf ich dir das mit Kant beantworten?«, woraufhin er das härteste Augenrollen aller Zeiten kassiert. »Ich geb zu, ich hab im Philosophie-Studium immer nur so halb aufgepasst, aber was mich bis heute beschäftigt, sind die vier Fragen von Kant.«

Die vier Fragen, die Immanuel Kant während seiner Vorlesungen zur Logik im Jahr 1765 formuliert, lauten wie folgt:

Was kann ich wissen?
Was soll ich tun?
Was darf ich hoffen?
Was ist der Mensch?

Immanuel Kant sah die ersten drei Fragen aufeinander aufbauend, bis sie dann in der vierten münden. »Was ist der Mensch?«

»Das klingt jetzt alles furchtbar abstrakt, aber hör noch ein bisschen zu«, sagt der eine zu dem anderen Christian, als der sein Handy rausholt, um seine Nachrichten zu checken.

Im Grunde geht es bei Ufos die ganze Zeit um die Frage »Was kann ich wissen?«. Können wir anhand der gerade vorliegenden Daten überhaupt Aussagen darüber treffen, was die Flugobjekte sind, die am Himmel beobachtet werden? Ist diese Frage an sich überhaupt beantwortbar? Bei jedem vermeintlichen Ufo-Experten, bei jeder Aussage, die wir gesammelt haben – egal ob Gläubiger oder Skeptiker – könnten wir eigentlich ein fettes Sternchen hintenan hängen, ein fettes Aber.

Nehmen wir mal Tom DeLonge. Wir haben einen alternden Rockstar, der plötzlich über eins der größten Geheimnisse der Welt stolpert und Ufo-Aufklärung vorantreibt. Können wir Tom DeLonge, der davon überzeugt ist, dass wir Menschen ein genetisches Experiment einer Alien-Spezies sind, die sich im Krieg mit anderen Alien-Rassen befindet, wirklich vertrauen? Oder ist Vorsicht angesagt, denn jemand wie er, der so bereitwillig glauben will oder vielleicht sogar glauben muss, eignet sich als leichtgläubiger Einfaltspinsel für Hintermänner, die ganz andere Pläne haben. Pläne wie: der Öffentlichkeit einreden, es gäbe Ufos, die man aber nur dann gut sehen kann, wenn man jetzt in neue Flugzeuge und Radarsysteme investiert. Und wie wir am Fall von Paul Bennewitz gesehen haben, ist es nicht unmöglich, dass die US-Geheimdienste Einzelne zum Spielball einer ganz eigenen Agenda machen.

All das können wir nicht schlussendlich klären. Auch die Rolle von Luis Elizondo, dem Ufo-Whistleblower von AATIP, nicht. Der Mann also, der schon vor mehr als zehn Jahren Ufos untersucht hat. Sein fettes Aber wäre: Das Departement of Defense leugnet nach den ersten Enthüllungen, dass Elizondo jemals für sie tätig gewesen sei. Bis der Senator Harry Reid interveniert und einen öffentlichen Brief verfasst, in dem er klarstellt, dass Elizondo wohl für AATIP tätig war. Case closed, oder? Nun ja. Die New York Post – jetzt auch nicht das renommierteste Blatt der USA – unterstellt Reid, dass die 22 Millionen Dollar, die das Pentagon angeblich in Ufo-Forschung gesteckt hat, eigentlich eine Privatförderung für einen Freund Harry Reids gewesen wären, der das Geld in die »Skinwalker Ranch« gesteckt hat. Eine Ranch in Utah, auf der paranormale Phänomene an der Tagesordnung stehen sollen. Der Verdacht der Ufo-Skeptiker ist also: Reid

braucht Elizondo als Sündenbock, um eine verdeckte För-
derung an einen Freund zu verschleiern. Und wenn wir uns
Skeptiker wie Mick West anschauen, dann wäre sein »fettes
Aber« Folgendes: Wieso sollte ein Computerspielprogram-
mierer unsere oberste Instanz für Ufo-Skeptizismus sein?
Welche wissenschaftlichen Kriterien legt er an seine Arbeit
an? Oder geht er nicht vielleicht auch von Vorannahmen aus,
die ihn zu seinen Ergebnissen bringen?

So könnte es ewig weitergehen. Die Frage »Was kann ich
wissen?« kann für Ufos nicht schlussendlich beantwortet
werden. Zumindest nicht so lange, bis echte Transparenz
herrscht, unabhängige Kommissionen eingesetzt werden
und die »Experten« und Lautsprecher nicht einer offensichtlich eigenen Agenda folgen. Wir sind hier mit der neu ein-
gesetzten UAP-Aufklärungseinheit auf dem richtigen Weg,
aber es müsste noch mehr passieren. Und auch die Wissenschaft hilft uns kaum weiter bei der Frage – denn die Drake-
Gleichung beinhaltet so viele Variablen, die wir aus heutiger Sicht einfach nicht kennen. Wir müssen erraten, was die
Menge der vermutlich intelligenten Zivilisationen in unserer
Galaxie in die Höhe schießen lässt – wenn man nur richtig
rät.

Wollen wir hier wirklich weiterkommen, müssen wir erst
mal – sorry für den kurzen Philosophieexkurs – die erkennt-
nistheoretischen Grundlagen legen, damit wir ahnen, was
wir überhaupt wissen können. Umso wichtiger ist es, unsere
eigene Psychologie immer wieder zu hinterfragen: Wieso
sehen wir, was wir sehen, am Himmel? Kann es sein, dass
uns unser Gehirn einen Streich spielt? Oder dass wir ohnehin zum magischen Denken neigen und wir vielleicht auch
etwas sehen wollen?

Zu Beginn dieses Buchs haben wir uns eine neue Ufologie gewünscht. Eine Ufologie, die aus echten Wissenschaftlern und Wissenschaftlerinnen besteht. Eine Ufologie, die die Frage »Was können wir wissen?« wirklich ernst nimmt. Denn ein kritischer Umgang mit dem Ufo-Phänomen beginnt nicht beim Studieren von krisseligen Videos, sondern bei einem selbst. Eine Sache, die uns bei der Recherche für dieses Buch schmerzlich bewusst wurde: Die Ufologie unterschätzt immer und immer wieder die psychologische Komponente von Sichtungen. Auch AARO, die Organisation, die jetzt in den USA die Untersuchung von UAPs betreiben soll, konzentriert sich in erster Linie auf technische Systeme und nicht auf die Pilotinnen und Piloten selbst. Hier ist ganz klar noch Luft nach oben.

Wir müssen Ufos endlich entzaubern – und das in mehrerlei Hinsicht. Wie wir gelernt haben, sind Ufos und die Popkultur eng miteinander verwoben. Das liegt an der mythologischen Komponente der Flugscheiben. Seit Menschengedenken erspinnt unsere Spezies Geschichten über Götter und höhere Mächte. Diese Ammenmärchen werden zwar nach und nach entzaubert, aber der Wunsch zu glauben ist immer noch da und bahnt sich neue Wege. Egal ob im Glauben an Verschwörungstheorien oder Ufos oder beides zusammen. Die kantische Frage »Was darf ich hoffen?« kommt hier in den Sinn. Dürfen wir wirklich annehmen, dass die USA vor mehr als 75 Jahren ein Ufo in der Wüste New Mexicos geborgen haben? Dass in der Area 51 ein Techniker namens Bob Lazar arbeitet, der eine rote Corvette mit dem Kennzeichen »MJ-12« fährt und dort von Elementen erfährt, die 20 Jahre später erst erfunden werden? Wie realistisch ist das alles? Denn schlussendlich sagt der Glaube an Ufos viel mehr über uns aus als über vermeintliche Aliens. Was ist der Mensch? Ein Wesen, das hofft, nicht alleine zu sein. Das so sehr gegen die ewige kosmische Einsamkeit ankämpft, dass es dazu bereit ist, Flugobjekte oder gar Entführungen zu imaginieren.

Wir haben zu Beginn des Buchs schon erzählt: Als die große Ufo-Enthüllungswelle im Jahr 2021 losgetreten wurde, ist die Ufo-Szene förmlich explodiert. Aber was ist denn mit normalen Menschen? Auf Twitter haben wir zum Beispiel häufig die Reaktion »Nein, nicht jetzt, liebe Aliens!« gelesen. Gerade wärs echt schlecht. 2021 stecken wir mitten im x-ten Lockdown, Corona kostet uns den letzten Nerv, und Naturkatastrophen wie die im Ahrtal zerren ohnehin an unserem zerrütteten Nervenkostüm. Eine schlechte Zeit für Außerirdische. Diese Reaktion ist der Spiegel des Ufo-Enthusiasmus, den manche spüren. In Zeiten großer Unsicherheit wenden wir uns gern dem Glauben zu. Nur dass viele eben nicht mehr an Buddha, Jesus Christus oder das fliegende Spaghettimonster glauben, sondern an Ufos. Nicht erst seit der Ufo-Sekte Heaven's Gate, die 1997 beim Erscheinen des Kometen Hale-Bopp kollektiven Suizid begangen hat, sind Ufos und Glaube eng miteinander verbunden. Aliens, sollten sie existieren, gelten als Deus ex machina, als letztes Mittel, das uns mit gottähnlicher Kraft aus unserem Schlamassel rausholt. Wir bekommen Pandemien, Artensterben und den gottverdammten Klimawandel einfach allein nicht in den Griff, da käme Grundlagenforschung zur Kernfusion aus Alien-Raumschiffen gerade richtig. »Bitte holt uns hier raus!«, scheinen manche gen Himmel zu schreien, während die anderen ihre VR-Brillen rausholen, um dort ihrem Eskapismus nachzugehen.

Und hier liegt eine tiefere Wahrheit des Ufo-Phänomens. Wir schauen in den Himmel nicht aus Furcht vor Außerirdischen, sondern voller Hoffnung. Denn es geht nicht darum, endlich abgeholt zu werden, sondern zu erfahren, wie wir es auch schaffen können. Denn wir erinnern uns: Einer der Erklärungsversuche für das Fermi-Paradoxon lautet »die große Filter-Hypothese«. Zivilisationen zerstören sich eher selbst, als dass sie es schaffen, andere Welten zu bereisen.

Wenn wir uns nur eine Sache von dem neu aufkeimenden Ufo-Hype und einer neuen Ufologie wünschen können, dann ist es das: gemeinsam daran arbeiten, dass wir den großen Filter, der vor unserer Haustür liegt, überstehen. Denn der Glaube an Ufos ist im besten Fall nicht zerstörerisch, sondern optimistisch. Er geht davon aus, dass andere Spezies es geschafft haben, sich nicht selbst zu zerstören, obwohl sie jegliche technologischen Mittel dazu gehabt hätten. Das ist inspirierend.

Lasst uns also zusehen, dass wir unseren Großen Filter überstehen. Und das bedeutet für einen kurzen Moment, den Blick vom Himmel auf die Erde zu richten. Den Klimawandel zu bekämpfen, das Massensterben aufzuhalten. Das Schöne daran: Egal ob wir an Ufos glauben oder nicht, am Ende profitieren wir alle davon. Denn wenn wir wirklich allein im Universum sind, die Wahrheit nirgendwo da draußen ist, dann wäre es doch wirklich schade, wenn das hier das Ende ist.

UNSERE QUELLEN & MEHR ZUM LESEN/SCHAUEN/ SPIELEN

ARTIKEL

»Glowing Auras and ›Black Money‹: The Pentagon's Mysterious U.F.O. Program«, *The New York Times*, 16.12.2017.

»This man ran the Pentagon's secretive Ufo programme for a decade. We had some questions«, *GQ*, 9.11.2021.

»Is There a Ufo Cover-up? A Government Insider Speaks Out«, *HuffPost*, 09.05.2016.

»Inside Tom DeLonge's Ufo Obsession, Blink-182 Turmoil«, *Rolling Stone*, 29.04.2016.

BÜCHER

Carl Gustav Jung: »Ein moderner Mythus: Von Dingen, die am Himmel gesehen werden« (1958).

Ted Bloecher: »The Ufo Wave of 1947« (1967).

Erich von Däniken: »Erinnerungen an die Zukunft. Ungelöste Rätsel der Vergangenheit« (1968).

Jacques Vallée: »Passport to Magonia: From Folklore to Flying Saucers« (1969)

Peter Ward & Donald Brownlee: »Rare Earth: Why Complex Life is Uncommon in the Universe« (2000).

Linda Moulton Howe: »Glimpses of Other Realities: High Strangeness« (2001)

Greg Bishop: »Project Beta: The Story of Paul Bennewitz, National Security, and the Creation of a Modern Ufo Myth« (2005).

Jacques Vallée, Chris Aubeck: »Wonders in the Sky: Unexplained Aerial Objects from Antiquity to Modern Times« (2010).

Kathryn S. Olmsted: »Real Enemies: Conspiracy Theories and American Democracy, World War I to 9/11« (2011).

Leslie Keane: »Ufos: Generals, Pilots and Government Officials Go on the Record« (2010).

Mark Pilkington: »Mirage Men: A Journey into Disinformation, Paranoia and Ufos« (2010).

Annie Jacobsen: »Area 51: An Uncensored History of America's Top Secret Military Base« (2011).

Michael Swords et al: »Ufos and Government: A Historical Inquiry« (2012)

Michael Barkun: »A Culture of Conspiracy: Apocalyptic Visions in Contemporary America« (2013).

Mark O'Connell: »The Close Encounters Man: How One Man Made the World Believe in Ufos« (2017).

Jonas Richter: »Götter-Astronauten: Erich von Däniken und die Paläo-SETI-Mythologie« (2017).

Mick West: »Escaping the Rabbit Hole: How to Debunk Conspiracy Theories Using Facts, Logic, and Respect« (2018).

D. W. Pasulka: »American Cosmic: Ufos, Religion, Technology« (2019).

Michael Schetsche und Michael Anton: »Die Gesellschaft der Außerirdischen: Einführung in die Exosoziologie« (2019).

Sarah Scoles: »They Are Already Here: Ufo Culture and Why We See Saucers« (2019).

David J. Halperin: »Intimate Alien: The Hidden Story of the Ufo« (2020).

Ross Coulthart: »In Plain Sight: An Investigation into Ufos and Impossible Science« (2021).

Kelly Chase: »The Ufo Rabbit Hole: Book One« (2022).

John G. Fuller: »The Interrupted Journey. Two Lost Hours Aboard a Ufo: The Abduction of Betty and Barney Hill« (2022).

Ben Bowlin, Matt Frederick, Noel Brown: »Stuff They Don't Want You to Know« (2022).

GAMES

»Zak McKracken and the Alien Mindbenders« (1988), Lucasfilm Games
»The Dig« (1995), Lucasfilm Games.
»Alien Isolation« (2014), Creative Assembly.
»Elite Dangerous« (2014), Frontier Developments.
»No Man's Sky« (2016), Hello Games.

»Stellaris« (2016), Paradox Interactive.
»XCOM 2« (2016), Firaxis Games.
»PREY« (2017), Arkane Studios Austin.

FILME

»The McPherson Tape« (1983).
»Die Besucher« (1989).
»Die vierte Art« (2009).
»Unaware« (2010).
»Mirage Men« (2013).
»Extraterrestrial: Sie kommen nicht in Frieden« (2014).
»Brown Mountain – Alien Abduction« (2014).
»The Rendlesham Ufo Incident« (2014).
»Area 51« (2015).
»Phoenix Forgotten« (2017).
»Skyman« (2019).

SERIEN

»Akte X – Die unheimlichen Fälle des FBI« (1993), 11 Staffeln.
»Millennium – Fürchte deinen Nächsten wie Dich selbst« (1996), 4 Staffeln.
»Dark Skies – Tödliche Bedrohung« (1996), 1 Staffel.
»Sleepwalkers« (1997), 1 Staffel.
»Prey« (1999), 1 Staffel.
»Roswell« (1999), 3 Staffeln.
»Die einsamen Schützen« (2001), 1 Staffel.